힘내라 니체

어린이 서양철학 3

힘내라 니체

어린이철학교육연구소 지음
임정아 그림 | 이수정 감수

해냄

 머리말

서양철학의 벽을 넘어서

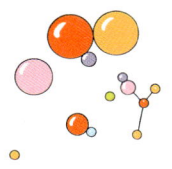

　서양인들의 보물 제1호는 그들이 수천 년 동안 갈고 닦은 지혜가 들어 있는 서양철학사입니다. 서양에 대해 배울 것이 많지만 그중에서도 그들이 앞서 발전시킨 철학의 역사는 반드시 정복해야 할 높은 봉우리임에 틀림없습니다. 세계가 활짝 열려 가고 있는 세계화 시대의 주역이 되기 위해서 반드시 넘어야 할 산이 바로 서양철학사라고 생각됩니다. 하지만 오랫동안 큰 벽이 가로막고 있어서 어린이나 청소년들은 서양철학에 접근하기가 힘들었습니다. 난해한 개념들과 이론의 복잡함 때문에 대학생들조차 이해하기 힘든 것이 서양철학사입니다. 말이 쉽지, 이론을 정확하게 살리면서 어린이나 청소년들이 이해할 수 있는 서양철학사를 쓰는 일은 아무나 할 수 있는 일이 아닙니다. 이미 몇 가지 책들이 나오기도 했지만 여러 가지 아쉬운 점이 있는 것도 사실입니다.

　어린이철학교육연구소는 20여 년 전부터 어린이와 청소년들의 철학교육을 위해 다양한 노력을 기울여 왔습니다. 특히 철학적 사고력을 키워 줄 수 있는 철학동화의 집필과 번역에서 괄목할 만한 성과를 보여 주었습니다. 그런 가운데 서양철학사의 진수를 우리 어린이들의 언어와 경험을 통해 제대로 알려야겠다는 염원을 오랫동안 품어 왔습니다. 이를 위해서는 서양철학사 자체에 대한 투철한 이해와 더불어, 이를 우리 어린이들이 이해할 수 있는 언어와 경험으로 옮기는 노력이 필요합니다. 물론 이런 일은 서양철학사를 단순히 어린이가 이해할 수 있는 말로 바꾼다고 되는 것은 아닙니다. 어린이들의 철학적 사고능력

을 확인하고 어린이들의 철학적 성향을 가늠할 수 있어야 가능한 일입니다.

본 연구소에서는 어린이들과 함께 소크라테스식 대화와 토론을 통해 철학적 탐구를 해 오면서 얻은 확신이 있습니다. 어린이들은 누구보다 철학적인 궁금증을 많이 가지고 있으며, 끈질기게 캐묻고 따지는 철학적인 성향을 지니고 있다는 것, 또래 친구들과 언쟁을 하고 반성도 하며 자신의 생각을 가다듬어 나간다는 것, 그리고 서양철학사는 다름 아닌 어린이들도 즐겨하는 언쟁과 반박, 즉 생각에 대한 생각의 역사이기에 어린이들도 능히 공감할 수 있는 내용과 의미를 간직하고 있다는 것을 말입니다. 이런 저런 난해한 개념들을 걷어치우고 핵심적인 생각을 있는 그대로 어린이들에게 전달하는 방식으로 이 책은 쓰였습니다.

어린이들의 머리뿐 아니라 가슴을 향해 써 내려간 이 책들이 그들의 삶에 큰 빛을 던질 것을 기대합니다. 끝으로 바쁜 가운데에도 공을 들여 이 책의 내용을 일일이 감수해 주신 이수정 교수님과 집필에 참여한 이은주, 황혜영 두 후배님께 큰 고마움을 전합니다. 아울러 이 책을 펴냄에 있어 각별한 관심과 노력을 아끼지 않은 해냄출판사 여러분에게도 감사드립니다.

어린이철학교육연구소
소장 박민규

차례

1. 인간을 밝히는 현대 철학의 빛

쇼펜하우어
맹목적 의지와 고통의 극복 · 010

니체
신은 죽었다 · 030

키에르케고르
주체성이 진리다 · 049

하이데거
죽음 앞의 인간 · 061

사르트르
인간은 자유의 형벌에 처해져 있다 · 074

 박사님과 함께 · 090

2. 확실성을 좇는 현대의 거장들

듀이
지식은 도구다 · 098

러셀
논리적 분석 · 113

비트겐슈타인
확실하지 않은 것은 말하지 마라 · 123

박사님과 함께 · 142

부록 서양 철학자들의
발자취를 찾아서 · 147

chapter 1

쇼펜하우어   니체

키에르케고르   하이데거   사르트르

인간을 밝히는 현대 철학의 빛

쇼펜하우어
맹목적 의지와 고통의 극복

　학교에서 돌아온 노마는 무슨 기분 좋은 일이 있는지 연신 싱글벙글이었다. 식탁에 앉아서도 웃음이 떠나지 않았다.
　"노마야, 오늘 기분 좋은 일이라도 있었니? 얼굴에서 웃음이 떠나질 않는구나."
　어머니께서 노마의 얼굴을 살피며 물어보셨다.
　"히히히……."
　노마는 대답 대신 계속 웃기만 했다.
　"형은 먹는 것만 보면 울다가도 웃잖아요."
　"그래그래. 오늘은 어떤 말을 해도 봐줄게."
　여느 때 같았으면 기오의 말이 채 끝나기도 전에 알밤이 날아왔을 텐데 오늘은 뜻밖이었다. 영문을 알 수 없는 노마의 행동에 식구들이 모두 어리둥절해했다.

"전 드디어 해냈다고요."

드디어 노마의 이야기가 시작되었다.

"뭘 해냈다는 거야, 형?"

"이번 시험에서 일등이라도 했니?"

삼촌이 은근히 놀리는 투로 말했다.

"그것보다 더 굉장한 걸 해냈어요."

노마는 어깨를 으쓱하며 꽤 힘있게 말했다.

"도대체 뭐야, 형……."

기오가 못 참겠다는 듯 재촉했다.

"내가 오늘부터 우리 반 야구 팀의 4번 타자가 되었다구."

"피이, 겨우 그거였어? 난 진작부터 우리 동네 축구 팀의 주장이었다구."

"야, 동네 꼬마 축구랑 초등학교 야구 팀이랑은 수준이 틀려. 하늘과 땅이라구."

"그래서 노마의 얼굴이 활짝 폈던 거구나. 어제까지만 해도 흐려 있더니."

아버지도 한말씀 하셨다.

"전 어제까지만 해도 너무 속상했어요. 열심히 했는데 4번 타자 자리를 다른 애한테 빼앗겼었거든요."

"그럼 이젠 행복하니?"

"그럼요."
"어떻게 하루 사이에 저토록 달라질 수 있을까?"
삼촌이 조그맣게 혼잣말을 하셨다.
"그거야 그동안의 불행에서 벗어났기 때문이지요."
"지금까지 4번 타자를 하지 못했던 것이 노마에겐 커다란 불행이었구나."
어머니께서 웃으시며 말씀하셨다.
"네. 아무리 하고 싶어도 안 되니 큰 불행이죠."
"그럼 지금 느끼는 행복이 진정으로 불행에서 벗어난 거라고 생각하니?"
"당연하지요."
노마는 자신 있게 대답했다.

고통을 물리치려면

"내 생각에 그건 잠깐 동안 마음의 고통이 사라졌을 뿐, 진짜 불행에서 벗어난 것은 아니라고 봐."
삼촌의 말에 노마는 눈을 깜박거렸다.
"어째서 그렇지요?"
"비록 당장은 네 바람이 이루어졌지만, 그것으로 너의 다른 모든 바람이나 욕심이 사라진 건 아니야."
"그것과 제가 불행에서 벗어나는 거랑 무슨 관계가 있어요?"

노마는 계속 의아한 얼굴로 고개를 갸웃거렸다.

"음, 그러니까 지금은 네 바람이 이루어졌지만, 앞으로 계속 다른 욕심이 생기게 되고, 그것이 만족되지 않으면 또 불행을 느끼게 된다는 것이지."

"하지만 그때마다 열심히 노력해서 바라는 것을 이루어 내면 되잖아요."

"하지만 노력해도 채울 수 없는 욕심이 있어."

"또 우리가 뜻하는 것이 그것을 이루는 것보다 훨씬 많거든."

어머니가 삼촌 말에 덧붙였다.

"맞아요. 전 이번에 모형 비행기도 사고 태권도도 배우고 골목대장도 하고 싶었지만, 겨우 태권도만 하게 되었다구요."

기오가 투정 섞인 목소리로 말했다.

"그거야 터무니없는 욕심이니까 그렇지."

"그러는 형은 작년에 반장이 되겠다고 밤새 인사말을 준비했다가 떨어졌으면서……."

"요게!"

노마가 발끈하며 금방이라도 기오를 칠 기세였다.

"자, 그만들 해."

삼촌이 말리지 않았으면 기오의 이마에는 콩알만한 혹이 생겼을 것이다.

"그런데 삼촌……."

노마는 잠시 생각을 하다가 말을 꺼냈다.

"왜?"

"삼촌 생각대로라면 이 세상은 온통 불행한 사람들로 가득 차 있겠네요?"

"하지만 고통에서 벗어나 행복해질 수 있는 방법도 있어."

"그게 뭔데요?"

노마가 눈을 반짝 빛내며 큰 소리로 물었다.

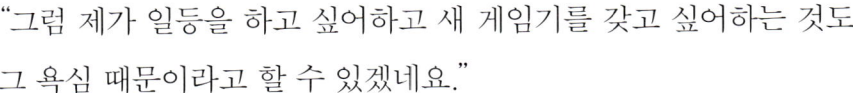

"가장 먼저 우리의 지나친 욕심이 고통을 가져온다는 사실을 깨달아야 해."

"그럼 제가 일등을 하고 싶어하고 새 게임기를 갖고 싶어하는 것도 그 욕심 때문이라고 할 수 있겠네요."

"그렇지. 그리고 그런 욕심이 모두 만족되지 않으면 고통이 오는 거라구."

"그럼 그러한 사실을 깨닫는 것만으로 불행에서 벗어날 수 있는 건가요?"

"아니지. 그 다음은 마음이 매달리고 있는 모든 것을 버려서 욕심이 사라지도록 해야 돼."

이번에는 아버지가 노마의 질문에 대답하셨다.

"하지만 그보다 더 중요한 건 고통을 함께 나누는 거야."

"고통을 나눈다구요? 뭐 하러 남의 고통을 함께 나누어 일부러 불행해지죠?"

기오가 이해할 수 없다는 얼굴로 삼촌을 바라보았다.

"그건 내 고통이 사라졌다고 이 세상의 고통이 완전히 사라지는 게 아니기 때문이야."

노마는 저녁을 먹으면서도 계속 생각에 잠겼다. 그리고 잠깐 동안의 기쁨이 진정한 행복이 아니라는 것을 알게 되었다. 그와 함께 새로운 궁금증이 떠올랐다.

'불행을 떨쳐 버리기 위해 난 누구와 무엇을 나누어야 할까?'

행복에 이르는 길

"삼촌, 잠깐 들어가도 돼요?"

노마가 방문을 빠꼼 열며 물었다.

"벌써 방 안에 들어서 있으면서 들어와도 되냐고 묻는 건 어느 나라 풍습이니?"

책상 앞에 앉아 책을 읽고 있던 삼촌이 뒤를 돌아보고 싱긋 웃으며 말했다.

"저…… 삼촌……."

노마는 심각한 표정으로 머뭇거렸다.

"말해 봐. 무슨 어려운 부탁이라도 하러 왔니?"

"그게 아니고요."

"그렇게 뜸만 들이지 말고 어서 얘기해 봐."

"삼촌, 삼촌은 언제 불행을 느끼세요?"

"응? 불행이라……. 글쎄, 그야 행복하지 않을 때겠지."

삼촌은 고개를 갸웃하더니 가볍게 대답했다.

"에이, 그런 싱거운 대답이 어딨어요?"

노마가 실망한 얼굴로 말했다.

"하긴 내가 생각해도 대답이 좀 싱겁기는 하다. 그런데 왜 갑자기 그걸 묻지?"

"전 지금 행복하지 않거든요. 그러니까 삼촌의 생각대로 전 불행한 거잖아요."

"어째서 우리 노마가 행복하지 않을까? 얼마 전까지도 4번 타자가 되었다고 무척 기뻐했잖니?"

삼촌이 다정한 눈빛으로 노마를 바라보며 말했다.

"네. 하지만 전 그런 만족감이 계속될 줄 알았는데, 지금은 그렇지 않아요."

"왜 그렇지?"

"바로 다음 주 수요일에 전국 어린이 야구 대회가 있거든요. 전 그 대회에서도 우승을 하고 싶어요."

"그런데?"

> **노마의 궁금증**
>
> ### 쇼펜하우어
>
> 1788년에 단치히의 유복한 사업가 집안에서 태어나, 1860년 프랑크푸르트 암 마인에서 생을 마감한 독일 철학자입니다. 대표적인 염세주의 철학자 중의 한 명으로, 세계를 생성하고 그것을 지배하는 것이 '맹목적 의지'라고 생각했지요. 칸트로부터 많은 영향을 받았다고 스스로 인정하기도 했습니다.
> 저서로는 『의지와 표상으로서의 세계』, 『시각과 색채에 대하여』, 『쇼펜하우어의 인생론』, 『쇼펜하우어의 처세법』 외 많은 작품들이 있어요.

〈아르투어 쇼펜하우어〉, 안길베르트 괴벨, 1859년.

"그런데 만약 결과가 좋지 못하면……."

노마가 고개를 숙이며 작은 소리로 말했다.

"그러니까 네 기대가 어긋날지도 모른다는 생각에 지금 불행을 느낀다는 거니?"

"이런 느낌이 불행인지는 잘 모르겠지만……. 분명 행복은 아닌 것 같아요."

"응, 철학자 쇼펜하우어의 생각대로라면 지금 네가 불행하다고 할 수 있지."

"쇼펜하우어는 불행을 어떻게 생각했는데요?"

"쇼펜하우어는 인간의 불행은 바로 '맹목적 의지'에서 비롯된다고 했지."

"맹목적 의지요?"

"그렇단다. 차근차근 설명을 하자면, 쇼펜하우어는 이 세계의 본성을 무수한 '의지'로 보았단다."

노마가 고개를 저었다.

"그건 틀린 생각이에요."

"어째서 그렇게 생각하지?"

"의지는 인간만이 가질 수 있는 특성이잖아요. 그런데 쇼펜하우어의 생각대로 이 세계의 본성이 무수히 많은 의지로 이루어져 있다면, 흘러가는 강물은 흘러가려는 의지가 있기 때문에 흐른다는 거잖아요."

"그렇지. 예를 들어, 물은 항상 높은 데서 낮은 데로만 흐르려 하고, 나침반의 바늘은 끈질기게 북쪽을 가리키고, 또 사물을 끌어당기는 지구의 인력 등은, 충분하지는 않지만 이 세계를 이루는 것이 의지임을 보여 주는 예가 된단다."

"그럼 우리 인간의 본성도 의지라고 할 수 있겠네요?"

노마는 잠시 삼촌의 이야기에 대하여 생각하다가 말을 꺼냈다.

"그렇지. 인간은 사물이 갖는 의지의 중앙에 있는 존재라고 할 수 있단다."

"그럼 우리 인간을 이루는 의지는 어떤 것이지요?"

"예를 들면, 우리의 눈은 보려고 하는 의지가 겉으로 드러난 것이고, 두뇌는 생

019

각하려는 의지, 또 우리의 모든 신체 기관도 여러 가지 일과 목적을 수행하려는 의지가 겉으로 드러난 것이라고 보았지."

"하지만 우리가 보지 않으려 해도 눈을 뜨고 있으면 자연스럽게 사물을 보게 되잖아요. 이건 보려는 의지가 없어도 가능한걸요."

"쇼펜하우어에 의하면 그것은 우리가 태어나기 훨씬 이전에 이미 그러한 의지가 있

자신의 애견 푸들과 산책하는 쇼펜하우어.
쇼펜하우어를 숭배했던 빌헬름 부쉬미의 스케치화.

었기 때문이라는 거야."

"쇼펜하우어의 생각대로라면 우리는 모든 의지가 합쳐져 이루어진 거군요?"

"그렇지. 이러한 인간에 대한 이해를 넓혀서 이 세계의 본성이 의지임을 알 수 있는 거야."

"그런데요 삼촌, 그런 의지와 인간의 행복과 불행이 무슨 관계가 있지요?"

노마는 다시 행복과 불행을 떠올리면서 의아한 얼굴로 물었다.

"의지의 문제는 바로 그 문제를 얘기하기 위한 거였어. 쇼펜하우어

는 의지의 성격이 지적이고 고상할 수도 있지만, 가끔은 자연 세계를 향한 맹목적 분투라고 보았거든."

"그 '맹목적 분투'라는 말은 좀 전에 이야기한 '맹목적 의지'와 같은 뜻인가요?"

"그렇지."

"그럼 '맹목적 분투'나 '맹목적 의지'는 어떤 것이지요?"

노마의 질문은 끝이 없었다.

"'맹목적 의지'는 모든 부족과 결핍에서 오는 거야. 바로 그런 부족이나 결핍을 채우려는 싸움과 같은 거지."

"음……. 그렇다면 그것은 결코 '맹목적' 의지라고 할 수 없지 않을까요?"

"어째서?"

노마와 삼촌은 진지하게 의견을 나누었다.

"예를 들어, 학업 성적이 부진한 사람이 성적을 올리기 위해 노력하거나, 제가 야구 대회에서 우승하려 하는 건 스스로 더 큰 발전을 이루려는 바람직한 목적이며 노력이라고 보거든요."

"물론 대개가 그렇게 생각하고 있지만, 그러

노마의 궁금증

쇼펜하우어의 명언

쇼펜하우어가 남긴 명언을 살펴볼까요? 물론 명언 속에서 그의 철학적 사상도 살짝 엿볼 수 있답니다.

1. 각 개인은 타인 속에 자기를 비추는 거울을 갖고 있다.
2. 결혼이란 남자의 권리를 반분(반으로 나눈다는 뜻)해서 의무를 두 배로 하는 것이다.
3. 고귀한 인물은 쉽게 자신의 운명을 한탄하지 않는다.
4. 패배가 따르는 고통을 자발적으로 겪어 보라. 그러면서 인품이 형성되는 것이다.
5. 평범한 사람들은 시간을 어떻게 소비할까 생각하지만 지성인은 시간을 어떻게 사용할까 궁리한다.
6. 허영심은 사람을 수다스럽게 하고, 자존심은 침묵케 한다.
7. 돈은 바닷물과도 같다. 그것은 마시면 마실수록 목이 말라진다.
8. 많이 웃는 사람은 행복하고, 많이 우는 사람은 불행하다.
9. 명예는 밖으로 나타난 양심이며, 양심은 내부에 깃든 명예이다.
10. 사람이 우스꽝스럽게 보이거나 초라해 보인다 하더라도 우리는 그 사람의 인격을 존중해야만 한다. 왜냐하면 사람의 영혼이란 누구나 같기 때문이다.

한 의지 뒤에는 보이지 않는 고통이 있지."

"어째서 고통이 따르나요?"

"그 이유는 바로 누구나 한 가지 욕망이 채워진 걸로는 만족하지 못하기 때문이야. 한 가지 욕망이 채워지면 또 다른 욕망 때문에 시달려야 하거든. 게다가 욕망에 비해 만족은 적고 잠깐뿐이니, 그런 고통 속에서는 불행할 수밖에 없는 거야. 지금 노마도 4번 타자가 된 것에 만족하지 못하고 또 다른 우승에 대한 욕망 때문에 고통을 받잖니."

"그건 맞아요. 만약 제가 우승을 한다면 저와 같은 기대를 했던 많은 사람들은 실망 속에 불행을 느낄 테고 또 다른 욕심이 생길 테니, 저 또한 행복을 느끼지 못할 거예요."

노마가 삼촌의 말에 수긍을 했다.

"그렇다면 삼촌, 사람은 어떻게 해야 이런 끊임없는 고통에서 벗어날 수 있을까요?"

"예술 작품의 창조나 감상을 통해서도 가능해. 하지만 쇼펜하우어는 그것 역시 인간을 잠시 동안 고통에서 해방시킬 뿐, 지속적인 것은 아니라고 했어."

"그럼 그보다 더 근본적인 방법은 무엇이죠?"

"그건 바로 그 고통만을 만들어 주는 의지를 근본적으로 부정할 때 가능한 거야."

"삼촌, 그건 불가능해요. 저는 아무리 욕심을 버리려고 해도 그게 잘 안 되거든요."

"하지만 그 방법은 분명 있어."

"그게 뭔데요?"

노마는 눈을 빛내며 물었다.

"우선은 우리의 '맹목적 의지'가 고통을 일으킨다는 사실을 절실히 느껴야 해. 그리고 다른 사람들도 다 마찬가지라는 사실을 알아야 하지."

"그 다음은요?"

"그렇게 되면 마음이 집착하고 있는 모든 것, 즉 욕심을 포기한 체념 상태에 이를 수 있어."

"하지만 고통의 원인을 알았다고 해서 저절로 욕심을 포기하게 되지는 않잖아요."

"그러니까 거기에는 바로 '금욕'이라는 것이 필요한 거야."

"금욕이 뭐예요?"

삼촌은 싱긋 미소를 지어 보였다.

"말 그대로 욕심을 금한다, 즉 욕심을 자제하는 것이지."

"욕심이 못 일어나게 한다는 말인가요?"

"그렇지. 바로 그러한 금욕을 완전히 실천하게 되면 우리는 마음의 평화를 얻고, 그 안에서 맹목적 의지는 완전히 소멸되는 거야. 불교에서 말하는 '해탈' 또는 '열반'의 경지에 이르는 것이지."

"하지만 삼촌, 이 세계는 우리의 의지로 목적을 하나씩 이루어 나갈 때 발전할 수 있다고 봐요. 그런데 쇼펜하우어의 생각처럼 모든 욕망, 즉 맹목적 의지를 부정한다면, 과연 이 세계는 어떤 모습이 될

까요?"

"음, 아마도 행복의 낙원이 되지 않을까?"

노마의 마지막 질문에 삼촌은 웃음을 띠었다.

노마는 다시 생각해 보았다. 지금 행복하지 못한 건 분명 자신의 '맹목적 의지' 때문이다. 또 우린 보통 의지는 행복을 얻을 수 있는 힘이라고 생각하지만, 꼭 그런 것만은 아님을 알았다. 하지만 쇼펜하우어의 말처럼 모두가 '맹목적 의지'를 포기한다면, 이 세계는 정말 행복의 낙원이 될 수 있을까?

노마의 머릿속은 점점 더 복잡해졌다.

인생은 기쁜 얼굴일까, 괴로운 얼굴일까?

"아, 신이시여! 인생은 기쁨입니까? 아니면 괴로움의 연속입니까?"

"뭐야? 얘가 갑자기 연극 배우라도 됐나."

시험을 끝내고 집으로 돌아오는 길에 동민이가 갑자기 두 손을 하늘 높이 치켜들고는 큰 소리로 외쳤다.

"야, 동민아, 너 시험을 잘 못 본 모양이구나."

노마가 동민이의 모습을 보고 간신히 웃음을 참으며 말했다.

"후유, 정말 이 세상은 괴로움으로 꽉 차 있어."

"뭐가 널 그토록 괴롭게 만드는지 좀 알면 안 되겠니?"

"전부! 오늘 시험만 해도 그렇잖아. 수학 경시 대회가 끝난 지 얼마나 됐다고 또 시험이냐. 보나마나 엄마는 이번 성적표를 보시면 방학 내내 공부하라고 성화하실 테고……. 이게 다 괴로움투성이가 아니고 뭐겠니?"

"그건 이 세상이 너에게 괴로움을 던져 주는 게 아니라, 너 스스로 괴로움을 만들고 있는 게 아닐까?"

노마가 한숨을 내쉬며 투덜거리는 동민이를 향해 말했다.

"피이, 말도 안 돼. 이 세상에 괴로운 걸 좋아하는 사람이 누가 있겠어? 하나같이 인생을 기쁘게 살고 싶어하는데 괴로움을 스스로 만들다니."

동민이는 노마의 생각이 터무니없다는 듯 세차게 고개를 저으며 대답했다.

"철학자 쇼펜하우어의 이야기를 들어 보면 지금 내 말이 이해가 될 거야."

"쇼펜하우어가 뭐랬는데?"

동민이가 궁금한 듯 노마를 돌아보며 물었다.

"쇼펜하우어는 이 세상이 온통 의지로 차 있어서 괴로움의 연속이라고 생각했어. 그래서 세상을 저주하고 미워했거든."

"왜 그런 생각을 하게 됐을까?"

"그건 아마도 전쟁이나 기아에 허덕이는 사람들의 모습을 보며 세상은 괴로움뿐이라고 단정 지어 버린 것 같아."

노마의 궁금증

염세주의

세계나 인생을 불행하고 비참한 것으로 보며, 개혁이나 진보는 불가능하다고 보는 경향이나 태도를 '염세주의'라고 해요. 영어로는 페시미즘(pessimism)이라고 하는데, '최악'을 의미하는 라틴어 'pessimum'에서 유래되었지요. 염세주의의 반대되는 개념은 낙천주의(optimism, 옵티미즘)랍니다.

염세주의 성향을 띠는 사람들은 세상이나 인생에 크게 실망하여, 인생은 살 가치가 없다고 단정해 버리기도 해요. 악으로 가득 차 있는 이 세상은 사람이 어쩔 수 없다고 생각하기 때문이에요.

"하지만 세상에는 즐겁고 사랑으로 가득 찬 일들도 많아. 예를 들면, 전학 간 친구에게서 편지가 왔을 때나 내가 하고자 한 일이 잘 되었을 때, 또 지난번처럼 기아에 허덕이고 있는 소말리아 주민들을 위해 성금을 냈을 때 등등, 모두가 사랑이 있고 기쁨을 주는 일들이라구."

나리가 여러가지 예를 들며 쇼펜하우어의 생각에 반대 의견을 내놓았다.

"하지만 쇼펜하우어는 그런 기쁨은 잠깐일 뿐 괴로움은 늘 끊이지

않는다고 생각했어. 그래서 그는 점점 우울해지고 또 의심도 많아져서 공포와 불길한 망상에 시달리게 되었대. 심지어는 이발사에게 면도까지 허락하지 않았다는 거야."

"어째서?"

"이발사가 면도칼로 자신의 목을 벨지도 모른다는 의심과 두려움 때문이었지. 그뿐만 아니라, 자신의 담배 파이프를 상자에 넣고 자물쇠로 잠그고, 침대 옆에는 항상 권총을 놓아 둘 정도로 의심이 많았어."

1859년 7월 1일부터 죽을 때까지 쇼펜하우어가 살았던 프랑크푸르트 암 마인의 집.

"그건 지나친 의심이라기보다 조심성과 준비성이 철저했던 게 아닐까? 유비무환이라는 말도 있잖아."
동민이가 노마의 말에 대해 잠시 생각한 후 말을 꺼냈다.
"그렇게 지나친 행동은 조심성이나 준비성이라고 할 수 없어. 더군다나 쇼펜하우어는 그런 의심과 세상에 대한 비관적인 생각 때문에 친구 하나 없는 외톨이로 살아야 했어. 그러니 그야말로 불행한 게 아니겠니?"
"그럼 쇼펜하우어의 불행은 어디서 온 걸까?"
"그는 이 세상이 온통 악으로 차 있다고 생각했기 때문에 인간들의 인생은 괴로움뿐이라고 여긴 거야. 이런 비관적인 생각 때문에 자신이 그런 악에 의해 피해를 보지는 않을까 의심하게 되고, 결국은 세상을 저주하고 혐오하게 되었지."

"그러니까 결국 인생을 괴로움으로 보아서 자신의 생활도 괴로움에 찬 나날이 된 거로구나."

"하지만 쇼펜하우어가 태어날 때부터 그런 비관적인 생각을 가진 건 아니잖아. 그렇게 된 데에는 주위에 괴로운 모습들이 많았기 때문이 아닐까?"

동민이가 나리의 말이 끝나자마자 자기의 생각을 말했다.

"물론 세상에 기쁜 일만 있는 건 아니야. 하지만 자신의 인생을 즐겁고 행복하게 또는 괴롭고 불행하게 만드는 건 주위 환경이 아니라 자기 마음에 달려 있는 게 아닐까?"

"맞아. 아름다운 새 소리나 시냇물이 흐르는 경쾌한 소리는 그 자체로는 행복도 불행도 아니야. 하지만 그것을 자신을 방해하는 소음으로 생각하면 그보다 더 괴로운 것은 없다구. 또 같은 일을 해도 즐겁게 하면 행복하지만, 그 반대라면 괴로움뿐이라구."

노마는 말을 마치고 주위를 가만히 둘러보았다. 그러면서 곰곰이 생각했다.

'인생을 괴로운 것으로 생각하는 건 우리의 마음이 세상을 괴롭게 보고 있기 때문이 아닐까?'

니체
신은 죽었다

어제 노마는 삼촌에게서 니체의 이야기를 들었다. 그런데 '신은 죽었다'라고 한 그분의 말을 아무래도 이해할 수가 없었다.

고민 끝에 노마는 마법의 서랍에 열쇠를 꽂았다. 나리는 친척 집에 가느라 빠졌지만 사정을 전해 들은 동민이는 총알같이 노마네 집으로 달려왔다. 둘이는 숨을 가다듬고 열쇠를 오른쪽으로 돌렸다.

"필로소피아!"

놀라운 일이었다. 열린 서랍 속으로 미끄럼을 타듯 미끄러져 들어가니 마치 꽃처럼 생긴 신비로운 의자 속에 사뿐히 내려앉도록 되어 있었다.

그곳은 마치 꿈나라 같았다. 작은 방처럼 느껴지는 그곳에는 앞쪽에 커다란 화면 같은 것이 있었고 그 앞에 의자들이 놓여 있었다. 의자에 앉은 느낌은 포근하기가 이를 데 없어서, 꼭 엄마의 품에 안긴 것 같았다.

노마가 니체를 생각하자 앞쪽 화면에 '니체'라는 큰 글씨가 저절로 나타났다. 그 글씨를 보고 노마는 큰 소리로 외쳤다.

"알레테이아!"

한순간, 아주 짧은 한순간 웅~ 하는 미묘한 느낌이 있는 듯싶더니 곧바로 사라지고 이내 왼쪽에 문이 열렸다.

문 밖으로 나오자 어떤 집이 보였다.

"이 집인가 봐. 벨을 눌러 보자."

노마가 벨을 누르자 한 아주머니가 문을 열어 주었다.

"어서 오렴. 그렇지 않아도 기다리고 있었단다. 난 너희들이 찾아온 니체 아저씨의 엄마야. 그 애가 지금 병에 걸려 아파서 좀 돌봐 주고 있어."

동민이가 예의바르게 인사했다.

"안녕하세요? 니체 아저씨가 지금 많이 아프신가요?"

니체의 어머니는 얼른 검지 손가락을 입술에 대셨다.

"쉿! 그래, 지금 자고 있으니 들어와서 깰 때

노마의 궁금증

니체

1844년 작센 지방의 뢰켄이라는 곳에서 태어난 니체는 쇼펜하우어의 '의지철학'을 계승하여 '생의 철학'을 발전시킨 철학가랍니다.

1869년에는 스위스 바젤 대학의 고전문학 교수가 되었고, 1870년에는 프로이센(독일 북동부에 있던 지방)과 프랑스 사이에 벌어진 독불전쟁에 위생병으로 참여했어요. 그렇지만 중병에 걸려 바젤로 되돌아오지요.

젊은 시절부터 줄곧 정신병을 앓아 왔던 니체는 결국 정신착란을 일으키며 죽음을 맞이하고 말았어요.

까지 기다리렴. 단 조용히 해야 한다."
"네."
노마와 동민이는 목소리를 낮춰 대답하고는 살금살금 집 안으로 들어갔다. 아주머니가 내주신 차를 마시며 동민이가 속삭이듯이 작게 물었다.
"아주머니, 기다리는 동안 니체 아저씨가 어떻게 살아오셨는지 이야기해 주세요."

니체의 생애

아주머니는 미소를 지었다. 그리고 생각을 더듬으시는 듯 먼 곳을 바라보셨다.

"그거 좋은 생각이구나. 우리 프리드리히(니체의 이름)는 1844년에 뢰켄이란 곳에서 태어났단다."

"니체 아저씨의 아버지는 무엇을 하셨나요?"

"목사였지. 나도 목사의 딸이었고."

"그럼 대대로 종교 집안이었군요."

"그런 셈이지. 그래서 나는 우리 프리드리히가 신학 공부를 해서 목사가 되기를 원했단다. 물론 뜻대로 되지는 않았지만."

프리드리히 니체, 1873년경.

노마도 조용한 목소리로 물었다.

"그럼 니체 아저씨가 어렸을 때는 어땠어요? 개구쟁이였어요?"

아주머니가 미소를 지었다.

"아니, 프리드리히는 어려서부터 정직하고 절제할 줄 아는 아이였지. 게다가 머리도 좋았고 음악적 재능도 뛰어났단다. 참으로 여러 방면에 재주가 뛰어나고 속이 깊은 아이였어."

"아, 그래서 이른 나이에 벌써 대학 교수가 되었군요."

동민이가 나지막한 탄성을 질렀다.

"그래, 프리드리히는 뛰어난 학문 업적으로 박사 학위는 없지만 대학 교수가 되었지. 그때 사람들이 얼마나 놀랐는 줄 아니? 물론 나도 매우 기쁘고 자랑스러웠지."

노마는 하루 종일 책상에 앉아서 책만 보는 꼬마 니체의 모습을 상상해 보았다.

"그렇게 공부만 했으니, 친구도 없이 외로웠겠네요?"

아주머니는 고개를 저었다.

"물론 친구가 많지는 않았지만 마음을 나눌 수 있는 친구는 있었어. 너희들 혹시 바그너라는 음악가 들어 본 적 있니?"

"그럼요."

노마와 동민이가 동시에 고개를 끄덕였다.

"바그너와는 오랫동안 친숙한 사이였지. 프리드리히의 말로는 바그너야말로 참된 인격을 가졌으며 또 음악으로 청중에게 최상의 고결함을 깨우쳐 준 훌륭한 예술가라고 하더구나. 프리드리히는 그런

그에게서 자신의 이상을 발견했고 많은 영향을 받았단다."
"그래요? 니체 아저씨는 바그너와 절교했다고 하던데요."
동민이가 아는 척을 했다.
"그건 참 안타까운 사건이었단다. 어느 날 프리드리히는 바그너의 오페라 시사회에 갔다 온 후 매우 우울해하더구나. 그래서 내가 그 이유를 물어봤지. 그랬더니 니체는 바그너가 자기를 배반했다는 말을 하더구나."
노마는 선뜻 믿어지지 않았다.
"배반이라구요?"
"그래 맞아. 그날 프리드리히는 바그너의 작품에서 거짓과 인기를 얻으려는 시도를 발견한 거란다. 그리고 무엇보다 프리드리히가 그토록 부정했던 기독교와 타협하려고 한 바그너에게서 배신감을 느낀 거지."

"기독교를 부정하다니요? 니체 아저씨야말로 기독교와 가장 친숙하게 살아가지 않았을까요? 집안 분위기도 그렇구요. 아버지가 목사셨다면서요?"

동민이도 고개를 갸우뚱하며 말했다.

"글쎄, 그건 나도 잘 모르겠구나. 이따가 프리드리히에게 물어보는 것이 좋겠다."

"아주머니, 그래서 바그너와 헤어진 후 어떻게 됐어요?"

"바그너와 절교할 때쯤 프리드리히는 매우 아팠단다. 정신적으로 매우 쇠약해져 있었지. 그런데 이상한 건, 그처럼 어려운 기간에도 프리드리히는 끊임없이 책을 쓰고 깊은 생각에 잠기는 걸 쉬지 않았단다."

"그야 니체 아저씨가 평범하지 않은 천재였기 때문이 아니겠어요?"

동민이가 또 아는 척을 했다. 그러자 아주머니가 한숨을 쉬었다.

"바로 그런 천재성 때문에 지금 저렇게 병들어 있는 게 아닌지 모르겠구나."

노마의 궁금증

니체와 바그너

바그너는 독일을 대표하는 오페라 및 가극 작곡가입니다. 바그너가 작곡한 오페라에는 〈혼례〉 〈방황하는 네덜란드 인〉, 〈탄호이저〉 등이 있고, 악극에는 〈트리스탄과 이졸데〉 따위가 있어요. 〈오페라와 드라마〉와 같은 평론도 많이 남겼고요. 쇼펜하우어를 숭배한다는 공통점을 지니고 있던 니체와 바그너는 서로를 존경하며 우정을 키워 나갔어요. 돈독한 둘의 우정을 무너뜨린 것은 바로 바그너가 작곡한 오페라 〈파르지팔〉이었지요. '신은 죽었다'고 주장하는 니체에게 신의 사랑과 자비에 대한 기독교적 신비극 〈파르지팔〉은 배신감을 안겨 주었답니다.

"그게 무슨 말씀이세요?"
"프리드리히는 지금 정신병에 시달리고 있단다."
아주머니의 두 눈에 눈물이 그렁그렁 맺혔다.
"정신병이라고요?"
노마와 동민이는 놀라 동시에 물어봤다.
"그래. 프리드리히는 오래전부터 허약했단다. 그래서 학교도 그만두고 요양 중이지. 이럴 때 친구들이라도 많이 찾아와 주면 치료에 도움이 될 텐데. 프리드리히가 지금 얼마나 고독한지 너희는 모를 거다."
"바그너 이외에는 친구가 없나요?"
"그런 셈이지. 프리드리히는 많은 친구들을 원했단다. 하지만 친구들에게서 거짓을 발견하면 바그너에게 한 것처럼 곧바로 공격을 하니 누가 좋다고 하겠니? 프리드리히는 결코 자신이 옳지 못하다고 생각한 것과는 타협할 줄 모른단다."
아주머니는 한숨을 길게 내쉬며 고개를 절레절레 저었다.

"그건 니체 아저씨가 그만큼 자신에게 성실했다는 말이 아닐까요. 만일 니체 아저씨가 세상과 타협했더라면 결국 더 큰 괴로움으로 견디지 못했을 거예요."

동민이가 니체의 편을 들자 노마도 거들었다.

"그래요. 아저씨의 그와 같은 진실함 때문에 먼 훗날 많은 사람들이 아저씨를 기억할 거예요. 그러면 아저씨도 더 이상 외롭지 않을 거예요."

노마는 분위기를 바꾸려고 다른 질문을 했다.

"아주머니, 저 혹시 이런 걸 여쭈어 봐도 될까요?"

"뭘 말이니?"

"저……."

노마가 우물쭈물하자 동민이가 노마를 재촉했다.

"빨리 말해 봐. 도대체 어떤 질문이기에 그렇게 얼굴이 빨개져서 우물쭈물하니?"

노마가 마침내 입을 열었다.

"니체 아저씨는 결혼을 안 하셨잖아요."

아주머니도 빙그레 웃으셨다.

"그래."

"그럼 사랑도 안 해 보셨나요?"

"사랑? 왜 그걸 안 물어보나 했어."

동민이가 알고 있었다는 듯 큭큭 웃으며 노마를 놀리자 아주머니께서 슬며시 웃으셨다.

니체(오른쪽), 루 살로메(왼쪽), 파울레(가운데)가 함께 찍은 사진.

"물론 프리드리히에게도 살로메라고 하는 사랑하는 여인이 있었지. 살로메는 프리드리히의 말을 이해하고 격려해 줄 만큼 매우 지적이었지."

"그래서요?"

"프리드리히는 파울레라는 사람에게 부탁해서 결혼 신청을 했어. 그러나 파울레도 역시 살로메를 사랑한다는 것이 밝혀져서 프리드리히는 매우 실망했단다. 더구나 살로메가 자기에게 친구 이상의 감정이 없다는 것을 알고 더욱 괴로워했지. 그래서 세 번이나 자살을 하려 했단다."

동민이가 고개를 좌우로 흔들었다.

"자살이요? 믿어지지가 않아요. 니체 아저씨처럼 삶에 적극적이었던 분이 자살이라니요?"

그때, 위층에서 인기척이 들렸다.

"프리드리히가 깼나 보구나. 그럼 올라가 보렴."

노마는 동민이와 함께 아주머니의 뒤를 따라 2층으로 올라가며 생각했다.

'니체 아저씨는 실연으로 자살할 만큼 나약할까?'

그렇지는 않을 거다. 어쩌면 고독한 삶과 자기와의 싸움에 지쳐서 살로메처럼 자신을 이해해 줄 사람이 몹시 그립고 필요했던 것인지도 모른다.

신은 죽었다

니체 아저씨는 약간 핼쑥한 얼굴이기는 했지만 방금 전까지도 아파서 침대에 누워 있던 사람이라고 보이지 않을 정도의 단정한 옷차림으로 앉아 있었다.

"오늘은 너희들이 나의 친구가 되어 주려고 찾아왔구나. 이리 와서 앉으렴."

"아저씨, 아프신데 저희랑 얘기하기 괜찮으시겠어요?"

노마가 예의바르게 물었다.

"흠, 이야기는 나의 즐거움이지. 누워 있기 답답했는데 잘됐다. 뭐가 궁금해서 온 거니?"

노마의 궁금증

차라투스트라

니체의 대표적인 저서라고 하면 단연 『차라투스트라는 이렇게 말했다』를 꼽을 수 있어요. 여기에서 차라투스트라는 '조로아스터'를 독일어 식으로 발음한 것인데, 기원전 6세기 무렵 페르시아의 예언자 조로아스터가 창시한 종교 '조로아스터교'와는 아무 상관이 없어요.

이 책은 산속에 숨어 살던 차라투스트라는 사람이 '신은 죽었다'는 깨달음을 얻고 이곳저곳을 돌아다니며 가르침을 전하는 철학적 서사시예요.

"아저씨는 목사의 아들이셨고 어려서부터 하느님을 믿었다고 들었어요. 더구나 목사가 되려고 공부까지 하셨다는데, 어째서 '신은 죽었다'는 말을 하실 수 있으세요?"

동민이의 단도직입적인 질문에 니체 아저씨는 쓸쓸한 미소를 지으며 대답했다.

"사람들은 그 때문에 나의 삶이 모순으로 가득 차 있다고 하지. 가장 독실한 기독교 가정 출신이 나중에는 기독교에 대하여 가장 격렬한 비판자가 되었으니 말이다. 그러나 만약 신이 죽지 않았다면 신을 믿는 사람들이 그토록 혐오스러운 행동을 서슴지 않고 할 수 있겠니? 물론 아닐 거다. 그렇기 때문에 신은 죽은 것임에 틀림없다고 생각했다. 그러니까 그동안 진리였던 기독교와 기독교 도덕이 더 이상 진리가 아닌 것은 분명한 사실이지."

"그럼 아저씨에게 진리란 무엇인가요?"

이번에는 노마가 물었다.

"바로 인간의 본성과 조화를 이루며 인간의 가능성을 충분히 발휘하게 할 수 있는 것이지."
그러자 동민이가 의아한 표정으로 니체 아저씨에게 물었다.

"그럼, 인간을 사랑하고 불쌍한 사람에게 자비를 베풀어 주는 것 같은 종래의 도덕들은 인간의 본성에 어긋나는 것인가요?"
"그렇지. 그런 나약한 도덕들은, 강한 자들이 힘을 발휘하여 세상을 정복하고 승리를 얻는 걸 막기 위해 힘없는 약자들이 만든 것일 뿐이란다. 힘없는 자들은 강한 자들에게 지배되는 걸 두려워하기 때문이지. 예를 들어 사랑과 같은 것은 강자에게 감상에 빠져들게 하여 자기 실현을 포기하게 만든단다."
"그럼 이거 하지 마라, 저거 하지 마라 하는 것들은 우리가 자발적으로 행동하는 것을 막아 주인이 되지 못하고 결국 노예처럼 무조건 복종하고 고분고분하게 살도록 한다는 말씀이군요."
"그렇지. 그렇기 때문에 우리가 우리 삶의 주인이 되기 위해서는 이미 만들어진 제도나 도덕에 자신을 맞추기보다는, 스스로 가치를 만들어 내고 자신의 삶을 끊임없이 극복해 나가는 '초인'이 되어야 하는 거란다."
"그럼 초인은 신과 같은가요?"

〈병상에 누워 있는 니체〉, 한스 올테, 1899년.

"그건 아니지. 우리 삶이 하늘에 있는 것이 아니라 바로 이 땅 위에 있는 것처럼, 초인도 신이 아니라 피와 살이 있는 인간이란다. 다만 허무한 이 세상에 내던져진 삶이라고 하더라도, 그것을 피하려 하지 않고 긍정하고 헤쳐 나가려 한다는 점에서 보통 인간과는 크게 다르단다."

"그럼 초인은 다시 이 세상이 자신에게 주어져도 그 운명을 사랑할 수 있을까요?"

노마가 진지한 표정으로 묻자 동민이가 장난스럽게 말했다.

"야, 한 번 사는 것도 지겨운데 이 괴로운 세상을 또 살아? 나는 이다음에는 더 좋은 세상에서 태어나고 싶단 말이야."

니체 아저씨는 동민이를 바라보며 고개를 저었다.

"그건 삶을 피하는 나약한 생각이란다. 삶이 비록 허무한 것일지라도 충실하게 사는 것, 이 삶이 다시 돌아오기를 바랄 만큼 후회 없이 사는 것이 삶을 사랑하는 것이고, 자기를 모든 구속에서 해방시켜 완전한 자유를 얻게 하는 거란다. 이것이 삶이었던가, 그렇다면 다시 한 번!"

니체는 주먹을 불끈 쥐면서 소리 높여 외쳤다. 이럴 때의 니체는 결코 병든 사람이 아니었다. 이 세상 어느 누구보다도 진지하고 강해 보였다.

사람들은 니체의 철학을 정신병자의 헛소리라고 웃어 버릴 수도 있을 것이다. 그러나 노마의 눈에 그는 삶을 가장 사랑하고 자신에게 성실한 고독한 철학자의 모습으로 비쳐졌다.

"이것이 삶이었던가, 그렇다면 다시 한 번!"

니체의 이 외침이 노마의 귀에 울려 퍼지는 듯했다. 계속된 이야기도 힘에 넘치는 것이었다.

노마는 그 인상을 가슴에 간직한 채 현실로 되돌아와서 서랍을 닫았다.

주인의 도덕과 노예의 도덕

"에이!"

동민이가 보던 책을 탁 덮고 짧은 신음 소리를 냈다.

"동민아, 어떻게 됐니?"

"어떻게 되긴. 벌로 창식이랑 화장실 청소를 했지 뭐."

동민이가 투덜대며 창식이의 뒤통수를 노려보았다.

창식이와 동민이는 반에서도 소문난 앙숙이다. 그래서 항상 싸움이 그칠 날이 없었다.

오늘도 창식이와 동민이가 한바탕 싸움을 벌였기 때문에 선생님께 불려 가 벌을 받고 돌아왔다.

동민이는 분을 참지 못했다.

"동민아, 창식이를 너무 미워하지 마. 원수를 사랑하라는 말도 못 들어 봤니?"

나리가 부드러운 말로 동민이를 위로했다.

"치, 원수를 어떻게 사랑할 수가 있냐? 그건 말도 안 되는 말이야. 지금 내 마음속에는 사랑은커녕 한 대 더 때려 주고 싶은 복수심밖에는 없다구."

동민이가 씩씩거리며 두 주먹을 꽉 쥐었다.

"야, 원수를 사랑해야 하는 건 우리가 마땅히 지켜야 할 도덕이라고 할 수 있어. 그런데 너처럼 도덕을 무시하면 이 세상이 어떻게 평화로울 수 있겠니?"

별이가 소리를 높였다.

"도덕? 바로 그런 것이 우리를 나약하고 비참하게 만드는 거라고 하더라 뭐."

동민이가 말했다.

"그래. 니체라는 철학자에 의하면 '참아라', '용서하라', '미워하지 마라' 하는 것들은 모두 우리의 넘치는 힘을 억누르고 막는 거라고 했어. 그러니 그런 것들이 진정한 도덕일 수는 없지."

노마가 동민이의 말에 덧붙였다.

"니체? 참 별난 철학자도 다 있네!"

나리가 비웃듯 말했다.

"그럼 니체가 말하는 진짜 도덕은 뭐니?"

"진정한 도덕은 바로 인간의 본성과 조화를 이루는 거야."
노마가 대답했다.
"인간의 본성이라니?"
나리가 여전히 이해가 안 가는 얼굴로 되물었다.
"인간의 본성이란 '힘을 향한 의지'라고. 그래서 강자는 당연히 약자를 지배하고 전쟁도 서슴지 않아. 그런데 '도덕'이라고 부르는 것들이 이런 인간의 넘치는 힘을 억제하기 때문에 우리는 비굴하고 초라하게 되는 거야."
"그렇다면 그처럼 사람을 나약하게 하는 도덕이 어떻게 여태까지 계속됐니? 우리가 도덕을 계속 이어 온 건 도덕이 우리 삶에 필요하고 중요하기 때문이 아니겠니?"
별이가 반대 의견을 내놓았다.
"그러게 말이야. 도덕이란 것이 정말 쓸모 없는 것이라면 옛날에 진작 없어졌을 거야."
옆에서 듣고 있던 석우가 별이의 말에 맞장구를 쳤다.
"그건 노예의 도덕이 주인의 도덕을 압도했기 때문이야."
노마는 나리와 별이, 석우를 차례로 둘러보고는 말을 이었다.
"노예의 도덕? 주인의 도덕?"
나리가 고개를 갸우뚱거렸다.
"말하자면, 노예의 도덕은 동정, 자비, 온정, 인내, 친절 같은 것인데, 나약하고 지배받는 사람들에게 적합한 것이지."
노마가 말했다.

"반대로, 주인의 도덕은 고매하고 귀족적인 지배자의 도덕으로, 강인, 엄격, 자부심 등을 말하는 거야. 그런데 노예의 도덕이 주인의 도덕을 악덕으로 만들고, 모든 약한 것들을 아름답게 보이게 함으로써 결국 주인의 도덕을 가치 없는 것으로 떨어뜨렸지."
동민이가 노마의 말에 덧붙였다.
"그야 당연하지. 싸움, 전쟁과 같은 약한 사람을 무시하는 주인의 도덕은 인간적이지 못한 거니까."
별이는 동민이의 말이 못마땅한지 입술을 뾰족 내밀었다.

"어휴, 그건 나약한 사람들이나 하는 소리야. 나약한 사람들은 친절이나 자비, 동정이라는 것으로 보호받고 싶어하지. 또한 자연적인 본성에 충실한 사람들이기 때문에 있는 그대로 꾸밈없이 힘을 발휘하는 사람들을 잔인하고 탐욕스럽다고 비난하지."

노마가 말했다.

"인간이 동물하고 다른 점은 서로 사랑하고 이해할 줄 안다는 것인데 굳이 위험이나 폭력 같은 것을 강조할 필요가 있을까?"

이번에는 석우가 말했다.

"그래, 어쩌면 니체는 인생의 행복한 순간이 지배와 전쟁보다는 오히려 사랑과 우정에 있다는 것을 알지 못한 외로운 사람이었는지 몰라."

그러자 별이가 고개를 저었다.

"하지만 우리가 발전한다는 것은 끊임없는 싸움과 강인한 의지로써 이루어진다는 것도 부정할 수 없는 거잖아."

노마는 석우와 별이를 번갈아 쳐다보더니 입을 열었다.

"하긴 우리에게는 어쩌면 강자의 도덕과 약자의 도덕 모두가 필요한지도 모르겠어."

나리가 후유, 한숨을 내쉬었다.

"그동안 우리는 '도덕'이라고 하면 무조건 지켜야 한다고 생각했지만, 니체의 지적처럼 절대적이고 영원한 도덕은 없는 건지도 몰라. 그러니까 다가오는 새로운 도덕을 준비하기 위해 지금의 도덕에 대해 생각해 본다는 것은 의미 있는 일이겠지."

노마가 나리의 말을 이었다.

"그렇다면 말이야……. 새로운 시대의 도덕에 적합한 사람은 어떤 사람일까?"

노마의 말에 아이들은 모두 깊은 생각에 잠겼다.

키에르케고르
주체성이 진리다

노마는 교회 앞을 지나며 문득 지난번에 만났던 키에르케고르를 떠올렸다. 신 앞에 홀로 서서 참된 삶을 살아야 한다고 외치던 그분의 모습이 눈앞에 아른거리는 듯했다.

젊은 날의 키에르케고르

그날 노마는 요한이네 집에 놀러 갔다가 목사님이신 요한이 아버지께 덴마크의 철학자 키에르케고르에 대한 이야기를 들었다. 그리고 키에르케고르에게 큰 흥미를 느껴 돌아오는 대로 마법의 서랍 속으로 미끄러져 들어갔던 것이다.

키에르케고르 아저씨는 따뜻하게 노마를 맞아 주시고 서재로 안내해 주셨다.

"노마야, 이리 오렴. 오랫동안 기다리고 있었다."

"아니, 어떻게 저를 아시나요?"

키에르케고르 아저씨는 미소 짓고 있지는 않았지만 친절한 표정이었다.

"진리의 여신께서 꿈속에 나타나 알려 주셨지."

"아, 그랬군요."

노마는 고개를 끄덕이며 키에르케고르 아저씨의 얼굴을 찬찬히 살펴보았다. 키에르케고르의 얼굴이 왠지 모르게 어두워 보였다.

"그런데 아저씨, 아저씨는 왜 우울한 표정을 짓고 계시나요?"

"원래 천성이 그렇단다."

"천성이요?"

노마가 되묻자 키에르케고르는 살짝 미소를 띄우더니 나지막한 목소리로 대답했다.

"그래. 아버지의 성격을 그대로 이어받았다고들 하더구나. 우리 아버지는 나처럼 우울하고 엄격하셨지. 하지만 상상력이 풍부하고 지적인 분이셨단다."

노마는 이해할 수 있었다.

"그럼, 아버지의 영향을 많이 받으셨군요."

노마의 궁금증

키에르케고르

덴마크 코펜하겐의 젊은 철학가 키에르케고르는 섬유 사업을 하는 아버지의 일곱 남매 중 막내로 태어났습니다. 19세기 실존주의 철학의 대표적인 인물이었으며, 위선적이고 형식적인 신앙을 비판했어요.

키에르케고르는 많은 저서를 발표했는데, 특이하게도 가명이나 익명으로 출판했다고 해요. 또한 자신이 가명이나 익명으로 출판한 작품을 비판하는 글을 또다시 가명이나 익명으로 발표했다고 하고요.

"그렇다고 할 수 있지. 아버지는 나에게 상상력을 심어 주셨을 뿐만 아니라, 엄격한 교육을 하셨지. 내가 철학을 할 수 있었던 것도, 나의 우울하고 고독한 성격과 아버지의 엄격한 교육 덕분이었단다. 내가 만약 명랑한 성격이었다면 삶의 문제에 그처럼 깊이 고민하고 좌절하지는 않았을 테니까."

〈쇠렌 키에르케고르〉,
닐스 크리스티안 키에르케고르, 1838년.

"그렇지만 한때는 방황도 하셨죠?"

"그래, 젊었을 때는 그랬지."

"왜 그러셨어요?"

키에르케고르 아저씨는 여전히 차분하게 말해 주었다.

"그동안 굳게 믿었던 종교에 대해서 의심이 생겼기 때문이야. 그리고, 그토록 신에 대한 사랑을 이야기하던 아버지가 신을 저주했던 적이 있었다는 말을 듣고는, 여태까지 나를 지탱해 주던 것들이 무너져 버리는 느낌을 받았단다."

"그러셨군요."

"하지만 술만 마시고 방탕하게 사는 것에서는 어떠한 위안도 얻을 수 없더구나. 그래서 곧 싫증을 느끼고 다시 고독하고 우울한 나의 생활로 돌아오게 되었지."

노마는 살짝 안도의 한숨을 내쉬었다.

"그건 참 다행스러운 일이에요. 만약 아저씨가 방탕한 생활을 그만두지 않고 계속 방황했다면 아저씨의 철학도 완성되지 못했을 테니까요."

키에르케고르 아저씨가 슬쩍 미소 지었다.

"그래. 이제 와서 생각해 보면 내가 그토록 깊이 절망하고 고독했기 때문에 편안히 살았던 사람들보다 삶을 더 많이 사랑할 수 있었던 것 같구나."

노마는 두 손을 모으고 기도를 드리는 듯한 키에르케고르의 모습을 보며 고독과 우울이 그에게 너무도 잘 어울린다고 생각했다. 고독, 우

울, 방황, 절망과 같은 것들은 철학을 하고자 하는 사람에게 꼭 필요한 것일까?

노마는 무례를 무릅쓰고 정말 궁금한 것을 물었다.

"그런데 아저씨는 왜 레기네 아가씨와 결혼하지 않으셨어요? 제 친구들은 아저씨를 도무지 이해할 수 없대요."

키에르케고르 아저씨의 표정이 더욱 우울해졌다.

"한때 나의 약혼자이기도 했던 그녀를 나는 정말 사랑했단다. 지금까지도……."

"그렇다면 왜 붙잡지 않으셨어요?"

"너무 사랑했기 때문이지. 이해할 수 있겠니?"

노마는 아무 말도 할 수 없었다. 키에르케르고 아저씨는 이야기를 계속 했다.

"그녀는 명랑하고 쾌활했지. 나처럼 우울하고 고독한 사람과는 정반대였어."

"오히려 성격이 정반대인 사람이 만나면 더 잘 살 수 있다고 하던데요."

키에르케고르 아저씨는 고개를 가로저었다.

"글쎄, 나는 평생을 신 앞에서 반성하고 고독하게 살아야 하는데, 레기네는 결코 그런 생활에

키에르케고르의 약혼녀인 레기네 올센.

노마의 궁금증

실존주의

합리주의는 논리적 타당성을 근거로 하여 사물을 판단하는 태도를 말하고요, 실증주의는 관찰이나 실험으로 검증할 수 있는 지식만을 인정하려는 태도를 말한답니다.
실존주의는 이러한 합리주의와 실증주의에 반기를 들고 일어난 철학 사상이에요. 실존주의에서 가장 중요한 것은 인간의 존재입니다. 대표적인 실존주의 철학자로는 19세기의 키에르케고르와 니체, 20세기 독일의 하이데거와 야스퍼스, 프랑스의 마르셀과 사르트르 등이 있어요.

서 행복을 찾을 수 없다는 것을 알았지. 그래서 그녀에게 더 행복하게 살 수 있는 자유를 준 거란다."

노마는 여전히 이해할 수 없어서 물었다.

"혹시 결혼해서 얽매이는 것이 두려웠던 것은 아니고요?"

키에르케고르가 방긋 웃었다.

"너도 나를 잘 이해할 수 없겠지만, 사랑한다는 것이 그녀를 붙잡을 수 있는 이유가 되지는 못해. 오히려 사랑한다면 그녀의 행복을 위해서 나의 욕심을 버릴 수 있어야 하는 것 아니겠니?"

말을 마친 뒤에 키에르케고르는 고개를 돌렸다. 노마는 그의 옆모습에 어린 쓸쓸한 그림자를 보았다.

사랑하기 때문에 사랑하는 사람을 보내야 한다는 것, 노마에게는 앞뒤가 맞지 않는 듯하면서도 한편으로는 이해할 수 있을 것도 같은 알쏭달쏭한 문제였다. 하지만 레기네가 남의 아내가 되는 걸 지켜보며 우울에 잠긴 키에르케고르를 떠올리니, 그의 사랑은 아주 깊고 진실할 것이라는 생각이 들었다.

노마는 키에르케고르 아저씨를 위로하듯 말했다.

"아저씨의 철학은 어린 저에게도 깊이 와 닿는 것이 있어요."

키에르케고르 아저씨가 다시 미소를 지었다.

"그렇다면 다행이구나."

"진짜 나 자신을 위한 철학이란 바로 이것이구나 하는 생각이 들기도 했어요."

"그래. 그동안의 철학은 너무 복잡하고 우리와 동떨어져 있었단다. 그런 것들이 나의 삶과 무슨 상관이 있겠니. 철학은 우리 자신의 문제를 다루어야 한단다. 우주가 어떻다고 하는 것보다는, 피와 눈물을 가지고 웃고 사랑하고 괴로워하고 방황하는 인간의 참모습을 파헤쳐 진실되게 사는 것이 참으로 중요한 일이란다. 그래서 나는 '주체성이 진리'라고 부르짖은 거야."

> ### 노마의 궁금증
>
> **죽음에 이르는 병은?**
>
> 키에르케고르는 결국 인간은 모두 절망하고 불행해진다고 잘라 말했어요. 그 이유는 바로 사람들이 모두 '죽음에 이르는 병'에 걸려 있기 때문이라고 했지요. 키에르케고르가 말한 죽음에 이르는 병은 암이나 지독한 전염병 같은 육체적인 병이 아니라, 정신적인 병이에요. 1849년에 발표한 『죽음에 이르는 병』이라는 작품에서 그는 죽음에 이르는 병은 바로 절망이라고 밝히고 있지요. 인간은 '절망'이라는 병을 이겨 낼 수 없기 때문에 결국 절망하여 죽을 수밖에 없다는 거예요.

"다른 철학자들도 인간의 문제를 다루었잖아요."

"하지만 그들은 인간을 전체적으로만 다루기 때문에 너와 나, 다시 말해 이 세상에 하나밖에 없는 더없이 소중하고 독립적인 인격을 가진 개인, 즉 단독자를 외면하고 있단다. 그렇기 때문에 그들의 철학은 심각한 문제에 부딪쳐 고민하는 우리 자신의 문제는 해결해 줄 수 없단다."

노마는 키에르케고르 아저씨에게 이것저것 물어보는 것이 좋았다.

"그럼 삶을 떠난 철학은, 겉은 화려하게 꾸며졌지만 실제로는 들어가 살 수 없는 집처럼 공허하겠군요."

노마의 눈이 반짝반짝 빛났다.

"그렇지. 그렇기 때문에 철학은, '어떻게 살고 어떻게 사랑하며 어떻게 죽어야 하느냐' 하는 실존의 문제로 눈을 돌려야 해. 그것이야말로 인간에게 진정으로 소중하고 뜻있는 일이란다."
"네, 그래요. 그러니까 아저씨의 철학은 바로 인생을 성실하고 진지하게 살기 위한 삶의 철학이라고 할 수 있겠네요."
노마의 말에 키에르케고르는 말 없이 미소를 지었다.

신앙을 통한 진실한 삶

노마는 키에르케고르 아저씨의 철학에 대해 더 알고 싶었다. 그래서 질문을 멈추지 않았다.

"그런데 어떻게 사는 것이 의미 있는 삶일까요?"

"그 물음에 대한 답을 하기 위해서는 인간이 어떤 모습으로 살아갈 수 있는지 알 필요가 있단다."

"그럼 어서 이야기해 주세요."

노마가 재촉했다.

"그러니까, 우리의 삶에는 세 단계가 있단다. 첫 단계는 인생을 즐기고 쾌락과 향락에 빠져 사는 '감각적인' 것이지. 그러나 이때 우리는 쾌락 뒤에 남는 허무와 실망을 느끼고 결국 진실한 자기를 회복하려는 결단을 내리게 돼."

"그래서요?"

"그래서 우리는 두 번째 단계로 넘어가지. 이때는 '윤리적' 생활을 하게 된단다. 자기의 의무를 다하고 책임을 감당하면서 좋은 남편, 훌륭한 아버지, 미더운 친구로서 성실하게 사는 것이지. 그러나 우리는 윤리를 지키려 하지만 더욱 높은 윤리에 도달하지 못하고 좌절하게 돼. 그렇기 때문에 결국 진정한 삶을 신으로부터 구하게 된단다."

"신이요?"

키에르케고르 아저씨는 노마가 생각을 정리할 수 있도록 잠시 쉬고 나서 다음 이야기를 시작했다.

"그래. 마지막 단계는 바로 신 앞에 홀로 서는 '종교적' 삶이 되는 거야. 우리는 신에 비하면 부족하고 미미한 존재이기 때문에 삶에 대해서 항상 불안해하고 절망하게 되지. 그러나 인간은 신 안에서 구원을 받음으로써 결국 영원한 행복을 얻게 되는 거란다."

"그럼 신앙을 가져야 한다는 것이 아저씨의 결론이세요?"

노마의 말에 키에르케고르가 고개를 끄덕였다.

"그래. 신앙을 통해서 우리의 삶은 비로소 진실한 것이 될 수 있는 거란다."

"그렇지만 신이 있는지 증명할 수 없잖아요."

키에르케고르 아저씨는 친절하게 다시 설명했다.

"신앙이란, 즉 신을 믿는다는 것은 우리의 머리로는 이해할 수 없는 것이란다. 아브라함은 자기 아들을 제물로 바치려 했단다. 이것은 결코 상식적으로 이해할 수 없는 일이지만 아브라함은 이를 실천했지. 바로 신앙 때문이야. 이처럼 무조건적이고 비합리적인 것이 바로 신앙이란다."

노마는 더 깊이 생각해 봐야 할 것 같았다. 키에르케고르는 이런 노마를 이해한다는 듯이 미소를 머금었다.

"그러니까, 신앙을 가지고 신 앞에 자신을 내맡길 때 우리는 행복에 이르는 진실한 삶을 살 수 있는 것이란다. 노마야, 너도 네 자신에 대해 진지하게 한번 생각해 보렴."

키에르케고르가 태어나서 자란 코펜하겐, 1880년경.

노마는 깊은 생각에 빠졌다.

'우리의 삶이 세 단계라고? 감각적인 것, 윤리적 생활, 종교적인 삶…….'

키에르케고르와의 대화는 노마에게 깊은 인상을 남겨 주었다.

"에피스테메!"

서랍을 닫았지만 노마는 한참 동안 자리에 누워 뒤척거리며 잠을 이룰 수가 없었다.

키에르케고르와의 만남은 노마가 삶에 대해 진지한 관심을 가질 수 있는 계기가 되었다. 하지만 한편으론 의문도 끊이지 않았다. 신을 믿지 않는 사람은 결코 진실한 삶에 도달할 수 없는 것일까?

하이데거
죽음 앞의 인간

"이런, 쯧쯧."

아버지께서 신문을 보시며 혀를 찼다.

"무슨 일인데 그러세요?"

방을 닦으시던 어머니께서 신문을 넘겨다보며 물으셨다.

"아, 글쎄 바다에서 수영하던 어린아이가 익사했다는군. 딱하기도 하지."

"저런 어쩌다……."

어머니께서 남의 일이 아니라는 듯 안타까운 표정을 지으며 말씀을 잇지 못하셨다.

"너희들도 물가에 갈 때는 조심해야 한다."

어머니께서 노마와 기오에게 주의를 주셨다.
"걱정 마세요. 저처럼 조심성 있는 애는 죽지 않아요."
노마가 장난스럽게 말했다.
"그래요. 조심성 없는 애들이나 놀러 가서 죽는 거예요."
기오가 노마의 말에 덧붙여 말했다.
"아니, 너희들은 어떻게 남의 죽음을 그처럼 아무렇지 않게 이야기할 수 있니?"
어머니께서 책망하시듯 말씀하셨다.
"그야, 앞으로 한 70년은 거뜬히 살 수 있는데 벌써부터 죽음을 생각할 필요는 없으니까 그렇죠."
노마가 기다렸다는 듯이 대답했다.
"하지만 죽음이란 결코 남의 이야기가 아니란다. 익사한 그 아이도 결코 자기가 죽을 거라고 생각하지 않았을 거다."
아버지의 말씀에 어머니도 동의했다.
"그래, 우리는 언제라도 죽을 수 있는 가능성을 가지고 있단다. 너희들도 뜻밖의 사고로 죽는 경우를 종종 보잖니?"
"하지만 그런 일은 아직 저에게 일어나지 않았잖아요. 그리고 저는 이렇게 살아 있어요."
"맞아요. 죽음은 꼭 저하고는 관계 없이 다른 사람에게만 일어나는 일 같아요."
노마와 기오가 차례로 말했다.
"대부분의 사람들은 죽음을 자기와는 아무 상관이 없는 다른 사람의 일처럼 여기곤 하지. 그런 이유 때문에 죽음에 대해 진지하게 생각해 보지 않는단다. 하지만, 이 죽음의 문제는 우리에게 아주 중요한 거란다."

"네?"

노마가 이해가 안 간다는 듯 되물었다.

"만약 우리가 아담과 이브처럼 에덴 동산에서 부족한 것 없이 살아갈 수 있었다면 무엇 때문에 골치 아프게 철학적인 문제로 고민을 하겠니?"

어머니께서 말씀하셨다.

"어떤 철학자가 죽음에 대한 문제로 고민했는데요?"

기오가 궁금해했다.

"여러 철학자가 있지만, 그중에서 하이데거라는 철학자가 죽음의 문제를 가장 인상 깊게 다루었더구나."

아버지께서 잠시 생각에 잠기신 듯하더니 한 철학자의 이름을 말씀하셨다.

죽음 앞의 인간

"하이에나요?"

기오가 재미있다는 듯 히죽거렸다.

노마의 궁금증

하이데거

하이데거는 1889년에 태어나 프라이부르크 대학의 교수 및 총장을 지내기도 했으며, 1976년에 생을 마감했습니다. 하이데거의 철학은 인간의 유한성, 죽음, 실존 등에 대해 이야기하고 있기 때문에 그는 실존주의 철학의 대표주자로 꼽히고 있어요. 그렇지만 흥미롭게도 하이데거는 자신의 철학이 실존주의로 분류되는 것을 거부했다고 해요.

하이데거가 대표적인 실존주의 철학자로 우뚝 설 수 있었던 데는 그의 대표작 「존재와 시간」이 큰 역할을 했어요. 하이데거가 37세에 완성한 이 책은 시간을 통해 존재의 의미를 밝히려고 하고 있지요.

프라이부르크 대학 총장 시절의 하이데거, 1933년경.

"하이에나가 아니라 하이데거란다."
아버지께서 껄껄 웃으시며 바로잡아 주셨다.
"하이데거는 죽음 앞에 놓인 인간의 문제를 깊이 사색했는데, 죽음이란 우리 발 밑에서 입을 크게 벌리고 기다리는 심연 같은 것이라고 했지."

"어휴 무서워."
기오는 입이 큰 괴물을 떠올리기라도 했는지 몸서리를 쳤다.
"누가 그렇게 무서운 죽음에 대해 생각해 보고 싶겠어요."
"그래요. 죽음 따위는 생각하지 않는 게 속 편하겠어요."
노마와 기오가 한마디씩 했다.
"당신이 자꾸 죽음 죽음 하니까 저까지 무서워지네요."
어머니도 좀 무서우신지 몸을 움츠리셨다.
"허, 이처럼 나약해서야."
아버지는 헛기침을 몇 번 하시고 말씀을 계속하셨다.
"하이데거는 우리가 죽을 수 있다는 것을 깨닫는 순간, 그런 사실로부터 허겁지겁 도망가려 하거나 또는 그 자리에 주저앉거나 혹은 정면으로 그러한 사실과 맞서는 것 중 어느 한 가지를 택할 것이라고 했단다. 그렇다면 이쯤에서 우리 한번 생각해 보자. 과연 피한다고 정말 죽음을 면할 수 있겠니?"

"……."

"그렇다면 죽음 앞에 스스로 나서는 것이 필요하겠지. 그것이 바로 자기 삶에 대해 책임을 지는 것이고, 그렇게 함으로써 우리는 진실되게 산다고 말할 수 있는 거란다."

아버지께서 진지한 얼굴로 말씀하셨다.

"죽음 앞에 스스로 나선다는 것은 무슨 뜻인가요?"

기오가 아버지께 여쭈어 보았다.

"하이데거는 그걸 죽음을 앞당겨 생각하는 '선구적 결의'라고 했지. 바로 죽음 앞에서 우리는 어떻게 살 것인가 하고 진지하게 생각해 보는 거란다."

"그래서요?"

이번에는 노마가 여쭈어 보았다.

"그런데 하이데거는 그 이상 어떤 구체적인 해답을 가르쳐 주지는 않았단다."

"왜요? 왜 해답을 이야기하지 않았을까요?"

"어떻게 살 것인가 하는 문제를 각 개인들의 책임에 맡긴다는 뜻이 아닐까?"

"아……."

노마는 하이데거의 뜻을 이제 조금 이해할 것 같았다. 그와 동시에 죽음의 의미도 다시 생각하게 되었다.

"그런데 아버지, 왜 굳이 죽음에 대하여 미리 생각하면서 고민해야 할까요?"

"사람들은 보통 자신의 참모습을 잊고 세상 사람 속에 파묻혀서 잡담이나 호기심 등으로 적당히 살아가고 있어. 하지만 죽음을 앞에 두고 자

노마의 궁금증

철학의 나라, 독일

독일에서는 많은 현대 철학자들이 활동을 했습니다. 사색하는 것을 좋아하는 독일답나요? 그럼 이제부터 독일 출신의 유명한 철학자들을 살펴볼까요?
'우주 질서는 신의 예정 조화 속에 있다'라는 예정 조화설을 전개한 라이프니츠, 경험주의와 이성주의 비판하면서 둘을 통합하는 입장에 서 있던 칸트, '정반합'이라는 변증법 논리의 3단계를 주장했던 헤겔, 그리고 공산주의의 토대를 마련한 마르크스가 모두 독일 출신의 철학자였어요.
어디 그뿐인가요? 염세주의 철학자인 쇼펜하우어, 실존주의 철학을 대표하는 니체와 야스퍼스, 하이데거도 독일에서 태어났지요.
그러고 보니 현대 철학의 역사는 독일 철학의 역사라고 해도 과언이 아니겠네요.

신의 삶을 되새겨 볼 때는 자기 존재의 진실된 모습을 알게 되기 때문이지."

"맞아요. 아무리 악당이라도 죽을 때만은 진실해지는 걸 본 적이 있어요."

기오는 언젠가 본 적이 있는 영화의 한 장면을 떠올렸다.

"자, 그럼 이제부터 우리 노마랑 기오는 어떻게 살아갈 것인지 한번 들어 볼까?"

어머니께서 두 아이를 번갈아 보시며 물으셨다.

"저는 착하고 성실하고 부지런하고 부모님께 효도하고 친구랑 사이 좋게 지내고……."

기오는 손가락을 꼽으며 온갖 좋은 일은 다 늘어놓았다. 아마도 기오는 세상을 가장 진실하고 성실하게 살고 싶은 듯했다. 노마는 그런 기오를 보고 미소를 지으며 생각에 잠겼다.

'죽음을 앞에 두고 나는 얼마나 진실되게 살 수 있을까?'

문명과 자연

'꽝!'

노마와 나리, 별이는 지금 한창 영화를 보고 있는 중이다. 로봇에 의해서 인간이 멸망당하는 미래를 담은 내용이다.

"너무 끔찍해."

별이가 두 손으로 얼굴을 가리며 소리쳤다. 폐허가 되어 버린 마을에 괴이하게 생긴 로봇 군단이 인간을 찾아 두리번거리는 광경이 나오는 참이었다.

"휴, 이 영화 보고 나니까 과학이나 기술이 눈부시게 발전하는 게 오히려 두려워진다."

노마가 몸서리를 쳤다.

"이 영화는 단지 상상일 뿐이야. 기술이 발달한다고 해서 꼭 인간이 멸망하는 것은 아니야. 오히려 기술이 발전하면서 우리 생활이 편해졌잖아."

나리는 노마가 너무 과장되게 생각한다고 여기는 모양이었다.

"하지만 하이데거라는 철학자가 과학 기술의 발전을 염려한 걸 보면 결코 낙관적인 것만은 아니야."

노마는 며칠 전 아버지와 함께 이야기를 나눈 하이데거를 떠올리며 말했다.

"하이데거? 처음 들어 보는 이름인데, 너 참 유식하구나."

"나도 얼마 전에 아버지께 들었어. 그 철학자는 기술에 대해서 주의 깊게 생각해 봐야 한다고 주장했어. 그동안 우리는 과학 기술 분야에 대해서 지나친 환상을 가지고 있었는지도 모르지."

노마가 진지하게 말했다.

"그렇다면 기술이란 것은 없어져야 마땅한 거니?"

나리가 의아해했다.

"그건 말도 안 돼. 기술의 발달로 얼마나 많은 사람들이 편해졌는지, 또 고통에서 벗어날 수 있었는지에 대해 생각해 봐. 나는 결코 원시 시대에서 살고 싶지는 않아."

별이가 목소리를 높여 말했다.

"물론 무조건 과거로 돌아가자는 말은 아니야. 하이데거는 무조건 기술에 찬성하거나 무조건 부정하는 것은 아무 의미가 없다고 했어. 왜냐하면, 우리는 이미 기술에 의존하고 있거든. 자칫 기술을 소홀히 여기다가는 그동안 우리가 이룩해 놓은 것들이 모두 무너져 버리고 말지도 몰라."

노마가 심각한 얼굴로 설명했다.

"그렇다면 하이데거는 무엇을 고민한 거니? 기술을 긍정도 부정도 하지 않았으니 말이야."

별이가 노마에게 물었다.

"기술 문명이 인류를 어떤 방향으로 이끌어 갈 것인가를 고민하는 거야."

"당연히 인류의 행복을 위해서가 아니겠니?"

나리가 당연하다는 투로 대답했다.

"과연 그럴까? 그럼 인류가 발명한 많은 무기들을 생각해 봐. 예를 들어 원자 폭탄과 같은 것들은 과연 우리의 안전을 지켜 줄 수 있을까?"

"……"

나리와 별이는 아무 말 없이 노마의 이야기에 귀를 기울였다.

"오히려 인류를 멸망시키는 공포스런 도구가 될 수도 있어. 그러니까 기술의 발달은 인간이 감당할 수 없는 많은 위험을 가지고 있는 거야."

"맞아. 원자 폭탄뿐만 아니라 자연이 파괴되어 가는 것도 심각한 문제야."

별이가 말했다.

"그야, 기술이 발전하려면 당연히 자연을 이용해야 하잖아. 그러다 보면 자연이 조금은 파괴될 수도 있는 거 아니니?"

"조금이라구? 우리 인간의 욕심 때문에 파괴되어 가는 자연 문제가 얼마나 심각한지 모르는구나."

나리의 말에 별이가 흥분한 듯 얼굴을 붉혔다. 그러자 나리도 지지 않았다.

"하지만 자연을 정복했기 때문에 인간은 더 위대해질 수 있는 거 아니니?"

그때 노마가 나섰다.

"과연 그럴까? 오히려 인간이 과학 기술 문명의 부품으로 전락해 버린 측면도 있다고 했어. 그리고 무력과 정복만으로 이루어진 문명은 언젠가는 그것으로 인해 멸망한다고도 하잖아. 그러니까 자연을 무조건 정복하고 파괴하기보다는 본래의 자연 그대로 보존하려는 노력도 있어야 해."

"그게 하이데거의 대답이니?"

별이가 물었다.

"그래. 여유를 가지고 자연의 소리에 귀를 기울여 보라는 거지. 시골 오솔길이 불편하다고 다 파헤쳐 아스팔트를 깔기보다는, 그 불편함을 오히려 즐기는 넉넉함을 가져 보자는 말이야."

"그러니까 자연에 우리를 맡겨 보자는 것이구나."

나리가 말했다.

"그래. 그것이 정말로 우리 자신을 돌아보고 나의 참모습을 깨닫는 법이 되는 거야. 인간이 아무리 뛰어난 것처럼 보일지라도 우리는 결국 자연의 한 부분에 불과하잖아. 자연 속에서 나의 뿌리를 찾는 것, 이것이야말로 우리 인간의 참모습이라구."

노마가 마지막 말에 힘을 주며 말했다.

"노마야, 저 하늘 좀 봐."

나리가 창밖을 가리켰다. 창밖에는 저녁 노을이 붉게 물들고 있었다. 그 광경을 보며 세 아이는 갑자기 숙연해졌다. 자연 앞에서 사람들이란 얼마나 작고 하찮은가!

노마는 새삼스럽게 자연의 소중함을 가슴속에 되새겼다.

사르트르
인간은 자유의 형벌에 처해져 있다

"윤수야, 나도 좀 봐 줘."

"윤수야, 나도!"

"내가 먼저야!"

"무슨 소리야! 난 아까부터 기다리고 있었다구."

3교시가 끝나고 쉬는 시간에 아이들이 윤수 주변에 몰려들어 온통 야단이었다.

노마가 궁금한 표정으로 다가갔다.

"도대체 뭔데 이 난리냐?"

"노마야, 기뻐해 주렴. 나는 커서 큰 인물이 될 거래. 그리고 90세까지는 살 수 있대."

동민이가 노마에게 달려왔다.

"자식도 딸 둘 아들 하나, 셋씩이나 낳게 된대. 와하하하……."

동민이는 좋아서 어쩔 줄 모르는 표정이었다. 노마가 영문을 모르겠다는 듯 물었다.

"무슨 뚱딴지 같은 소리냐?"

"윤수가 그랬어. 내 손금에 그렇게 나와 있대."

"난 또 무슨 소린가 했네. 그걸 믿는단 말이야?"

옆에서 듣고 있던 수인이가 나무라듯 한마디 했다. 노마도 대수롭지 않게 넘겼다.

"그럼. 윤수는 책을 보고 공부한 거래."

동민이도 지지 않았다.

"말도 안 돼. 인간에게 그런 식으로 미리 정해진 건 아무것도 없는 거야. 인간의 운명은 자기 자신이 스스로 만들어 가는 거라고 사르트르가 말했어."

수인이가 자신 있게 말했다.

"사르트르라니?"

노마는 귀가 솔깃해서 물었다.

"프랑스의 유명한 철학자야."

"그분이 뭐라고 했는데?"

"나도 우리 외삼촌한테 들었는데, 인간은 본래 자유이기 때문에 자기의 인생이나 역사 같은 것도 자기 책임 아래 자기가 만들어 가야 한다는 거야."

노마의 궁금증

사르트르

'타인은 지옥이다'라는 말로 유명한 사르트르는 프랑스의 소설가이자 철학가예요. 개인의 주체성을 중시한 대표적인 실존주의 철학가 중의 한 명이었지요. 2살 때 아버지를 잃고 외할아버지인 C. 슈바이처 슬하에서 자랐는데, 아프리카에서 원주민 치료에 헌신하여 노벨평화상을 수상한 A. 슈바이처는 사르트르 외할아버지의 조카였대요. 소설 『구토』, 『자유에의 길』, 철학논문 『존재와 무』로도 유명한 샤르트르는 놀랍게도 1964년 노벨문학상 수상을 거부했다고 하네요.

수인이가 똑부러지게 설명했다. 노마는 사르트르라는 철학자에 호기심이 생겼다.

"인간이 자유라고?"

"그래. 자유일 수밖에 없기 때문에 인간은 자유라는 형벌에 처해져 있다고까지 말했대."

수인이의 말에 노마는 깊은 인상을 받았다.

'자유라는 형벌?'

노마는 집으로 돌아오면서도 수인이가 말한 그 사르트르라는 철학자의 이야기가 머릿속을 떠나지 않았다. 하필이면 삼촌도 오늘따라 집에 없어서 더 답답했다.

고민을 하던 끝에 노마는 마법의 서랍에 열쇠를 꽂았다.

"필로소피아!"

"알레테이아!"

문이 열리고 눈앞에 나타난 곳은 무슨 가게 같았다. 무슨 뜻인지는 알 수 없지만 '카페, 레 드 마고(Cafe, Les Deux Magots)'라는 간판이 걸려 있었다.

"대체 여기가 어디지?"

마침 가게 앞에서 파이프 담배를 물고 왼팔에 코트를 걸친 어떤 안경 낀 아저씨가 걸어 나오며 노마에게 말을 건넸다.

"어서 오너라, 노마야. 파리에 온 것을 진심으로 환영한다."

노마는 얼른 예의바르게 인사했다.

"안녕하세요. 여기가 프랑스 파리인가요? 그리고 아저씨가 사르트르 아저씨이시고요?"

"그래. 내가 바로 장 폴 사르트르란다. 만나서 반갑구나. 자, 안으로 들어가자."

노마는 어리둥절한 표정으로 카페에 들어갔다.

"여기는 아저씨 댁이 아닌 것 같은데 뭐 하는 곳이죠?"

"레 드 마고, 즉 두 현인이라는 카페지. 우리는 주로 이렇게 카페에 모여서 커피를 마시며 철학이나 문학 같은 걸 이야기한단다. 자, 앉아라."

사르트르 아저씨는 바깥 거리가 내다보이는 창가의 한 자리로 노마를 안내했다.

자리에 앉자마자 노마는 성급하게 물었다.

"전 궁금한 것이 많아요. 우선 아저씨에 관해서 자세히 이야기해 주세요."

"나에 관해서?"

"네."

노마는 귀를 쫑긋 세웠다. 사르트르 아저씨는 안경을

장 폴 사르트르, 1960년경.

만지작거리며 껄껄껄 웃었다.

"원한다면 들려주지. 난 1905년에 이곳 파리에서 태어난 파리 토박이란다."

"세계적으로 유명한 문화의 도시 파리에서 태어났으니 정말 좋으셨겠어요."

부러워하는 노마를 지긋이 바라보던 사르트르 아저씨는 갑자기 씁쓸한 미소를 지었다.

"그렇지. 하지만 난 태어나자마자 아버지를 잃었단다."

"네, 그러셨군요. 괜한 것을 여쭤 봐서 정말 죄송해요."

노마는 정말 미안한 마음이 들었다.

"괜찮아. 그건 슬픈 일이었지만 대신에 난 아주 소중한 것을 얻게 되었으니까."
"그게 뭔데요?"

"바로 '자유' 라는 거야. 끝없이 펼쳐진 자유는 아버지가 돌아가심으로써 내게 온 큰 축복이라고도 할 수 있지."
"아니, 그런 말이 어디 있어요? 아버지를 일찍 잃게 된 것이 축복이라니요?"

노마는 놀라서 펄쩍 뛰었다.
"왜냐하면, 난 가장인 아버지에게서 받는 어떤 압력이나 부담도 겪지 않았거든."

노마는 조금 알 것 같기도 하고, 모를 것 같기도 했다. 사르트르 아저씨는 이야기를 계속했다.

"내가 무슨 말을 하는지 알쏭달쏭하지? 네 얼굴에 다 써 있구나. 하지만 나의 자유는 얼마 되지 않아 최초의 시련을 겪게 되었어."
"왜요?"
"홀로 되신 우리 어머니가 나를 데리고 외할아버지가 계신 친정으로 거처를 옮기셨거든."

노마는 더더욱 이해할 수 없었다.

"그럼 더 좋잖아요. 할아버지 할머니가 계시니 더욱더 사랑을 받으셨을 테니 말이에요. 나도 가끔은 할아버지가 살아 계셨으면 얼마나 좋을까 하는 생각이 들거든요."

사르트르 아저씨가 진지하게 물었다.

"그럼 넌 할아버지의 광대나 인형이 되어 살아도 행복하다고 생각하는 거니?"

"그게 무슨 소리예요?"

광대라는 사르트르 아저씨의 말에 노마는 다시 한 번 깜짝 놀랐다. 사르트르 아저씨의 말은 노마에게 아리송하기만 했다.

"우리 외할아버지께서는 외할머니와 사이가 좋지 않아서 항상 외롭게 살아오셨단다. 게다가 죽음이 다가오는 공포 속에서 삶의 희망까지도 잃고 말았지."

"그렇다면 아저씨가 나타난 게 그야말로 외할아버지께는 삶의 희망이자 빛이었겠군요."

노마가 제법 의젓하게 말을

어머니와 함께한 어린 시절의 사르트르.

했다.

"물론이지. 할아버지는 나의 재롱을 바라보시며 어린아이처럼 좋아하셨으니까."

"그럼 서로에게 정말 좋은 일인데, 할아버지의 광대는 뭐고 인형은 또 뭐예요?"

"할아버지는 단지 나의 재롱을 지켜보는 것만으로는 만족하지 못하셨거든."

"그럼요?"

사르트르 아저씨는 한숨을 쉬었다. 그 얼굴에는 그림자가 드리워져 있었다.

"나를 억지로 재롱둥이로 만드셨지."

"억지로 재롱둥이로 만들다니요? 도대체 무슨 뜻인지 이해할 수가 없어요."

"좋아. 이제부터 차근차근 설명해 주지……. 어린 내가 재롱을 부리면 할아버지는 내가 원하는 건 다 해 주셨어. 먹고 싶은 것, 갖고 싶은 것 모두 말이야. 그런 할아버지가 나에게는 언제나 인자한 신이셨지."

사르트르는 추억에 잠긴 듯한 표정이었다. 노마가 때를 놓치지 않고 물었다.

"인자한 신이라고요?"

"응, 예를 들어 내가 잘못해서 할머니께 혼나는데도 불구하고 할아버지는 무조건 내 편을 들어 주셨거든. 버릇없이 할머니께 말대꾸

해도 말이지. 다시 말해서, 난 할아버지만 믿고 이 세상이 다 내 것인 양 의기양양했었단 말이야."

"그래서 할아버지를 신이라고 갈했군요. 그런데 그토록 아저씨를 사랑해 주신 할아버지가 억지로 재롱둥이로 만드셨다니, 혹시 아저씨 생각이 틀린 게 아닐까요?"

노마는 의구심을 떨쳐 버릴 수가 없었다.

"잘 생각해 봐. 난 우리 집안의 왕자처럼 대우받는 게 좋았어. 내가 할아버지 앞에서 재롱을 떨면 할아버지는 언제나 나의 신이 되어 주셨거든. 그러니 난 일부러 할아버지 맘에 들도록 말하고 행동을 꾸며야 했단 말이야."

노마는 이제야 광대니 인형들이니 하는 사르트르 아저씨의 말뜻을 이해할 수 있었다.

"그러니까, 하고 싶지 않아도 할아버지가 원하면 억지로라도 재롱을 떨었단 말이죠?"

"그래. 음……. 난 어떤 때는 나도 모르는 어려운 말들을 종알거려 어른들을 놀라게 하는가 하면, 어떤 때는 계집 아이처럼 얌전을 피우기도 했지. 또한 내가 하고 싶어도 어른들이 못 하게 하면 절대로 그 일은 하지 않았고 말이야. 마치 무대에 선 희극 배우나 광대처럼 말이지."

노마는 고개를 끄덕였다.

노마의 궁금증

보부아르

사르트르의 곁에는 평생을 함께한 멋진 반려자 보부아르가 있었습니다. 보부아르는 『초대받은 여자』, 『제2의 성』, 『처녀 시대』 등의 작품으로 유명한 프랑스의 소설가예요. 부부 사이였던 만큼, 남편 사르트르처럼 보부아르도 실존주의적인 입장을 취했으며, 여성 해방 운동에도 참여했어요.

"듣고 보니까, 아저씨의 생활이 반드시 행복했다고만은 할 수 없겠네요."

"맞아. 어른들의 품속에서 자신을 잃어버리고 사는 삶은 결코 행복한 게 아니야."

사르트르 아저씨는 고개를 저었다. 그 모습을 지켜보던 노마가 이의를 제기했다.

"하지만, 그 대신에 어른들의 사랑과 원하는 건 무엇이든지 가질 수 있었잖아요. 전 그게 부러워요……."

"그건 결코 부러워할 게 못 돼. 왜냐하면, 가장 소중한 걸 잃어버리니까 말이야."

"가장 소중한 것이라구요?"

세상에서 가장 소중한 자유

노마는 궁금해졌다.

"가장 소중한 게 뭔데요?"

"그건 바로 나의 자유와 존재 의미지."

노마는 이해할 수 없어 고개를 갸우뚱했다.

"좀 어려운걸요. 잘 모르겠어요."

"생각해 봐. 동물원에서 재주를 넘는 곰이나 원숭이에게 자유가 있을까?"

"물론 없지요."

사르트르 아저씨가 인자한 미소를 지었다.
"왜 그렇다고 생각하지?"
노마는 얼른 대답했다.
"그거야, 우리 속에 갇혀 있으니까 그렇지요."
"그보다 더 중요한 이유가 있어. 그건 그들이 오직 인간이 시키는 대로 움직이기 때문이야. 그들에게는 자신의 자유에 대한 어떤 생각도 없는 거야."

노마는 우리에 갇혀 있는 사르트르를 상상해 보았다.
"그럼 아저씨의 생활도 그와 비슷했단 말이에요?"
"그렇다고 할 수 있지. 하지만 난 오래지 않아 나 스스로에게 중요한 질문을 던지게 되었어."
"그게 뭔데요?"
"내가 의문을 품었던 건 바로 '나는 할아버지와 다른 어른들의 노리개에 지나지 않을 뿐, 진실로 살아 있다고는 말할 수 없지 않을까?' 하는 것이었지."
"그게 뭐 그리 심각한 문제예요? 아직 어릴 때에는 어른들의 뜻에

파리의 한 레스토랑에 앉아 있는 사르트르와 그의 반려자 보부아르.

따르는 게 제일 안전하고 바람직하지 않을까요?"

노마는 머릿속으로 언제나 든든한 바람막이가 되어 주는 부모님을 떠올렸다.

"인간은 누구나 태어나면서부터 원하건 원하지 않건 끝없는 자유를 가지고 있어. 말하자면 인간은 자유라는 형벌에 처해져 있다고도 할 수 있지. 그렇기 때문에 자신의 삶도 자신이 스스로 만들어 가야 하는 거야. 그런데 자기가 왜 사는지조차 모르는 채 어른들에게 이끌린다면, 자유는커녕 우리는 우리 자신을 도둑 맞게 되는 거지. 그리고 결국 나중엔 빈 껍데기만 남게 될 거야."

"인간이 끝없는 자유를 가졌다구요? 그럼 우리가 하지 못할 일은 아무것도 없겠네요. 끝없는 자유가 있다면 도둑질이나 살인도 마음대로 할 수 있잖아요."

노마는 계속 반박했다. 사르트르 아저씨는 그런 노마의 질문에 차근차근 대답해 주었다.

"그런 자유가 아니야. 내가 뜻하는 건, 모든 사람들에게 이익이 되는 최선의 것을 선택하는 자유이고, 그 자유에는 철저한 책임이 따르는 거야."

"하지만 아저씨처럼 우리가 '자유를 가졌다'고 생각하는 사람은 별로 없을 거예요."

사르트르는 노마를 지긋이 바라보았다.

"그건 자기 자신에 대해 생각해 본 일이 없기 때문에 그럴 뿐이야. 어쩌면 노마 너도 자유 없는 광대가 되어 갈지도 몰라."

"뭐라구요! 전 아니에요. 절대 아니에요! 저에게는 재롱을 강요하는 할아버지가 안 계세요."

노마는 잔뜩 흥분한 목소리로 외쳤다. 사르트르 아저씨는 노마의 반응을 예감한 듯 침착하게 이야기를 이어 나갔다.

"하지만 너도 가끔 아무 생각 없이 다른 사람들의 말에 복종할 때가 있지? 그것도 너를 잃어버리고 있는 거야."

노마는 잠시 할 말을 잃고 있다가 물었다.

"그래서 아저씨는 그 문제에 대해 어떤 결론을 얻으셨어요?"

이제야 흥분이 좀 가라앉는 것 같았다.

"난, 나 아닌 다른 사람들의 손에 의해 조종될 수는 없었어. 그래서 난 자신을 다른 사람들의 인형이 아닌, 이 세상에서 꼭 필요한 사람으로 만들기로 했지. 바로 내가 이 세상에 있는 진짜 이유를 찾는 것이지."

"그게 어떤 건데요?"

"그건 오직 나만의 세계, 즉 내가 자유롭게 선택한 나만의 세계를 창조해 내는 거야. 그렇게 해서 나 스스로 내 삶에 의미를 부여하는 거지. 예를 들면, 철학이나 문학, 예술 등에 애정을 쏟고 나를 만들어 갈 수 있는 길을 열심히 갈고닦는 것처럼."

노마는 사르트르 아저씨의 말이 근사하게 느껴졌다. 그와 동시에 의문점이 떠올랐다.

"사르트르 아저씨! 그럼 저는 저의 자유와 삶의 의미를 어떻게 찾을 수 있지요?"

"먼저 진정한 너 자신을 찾아야겠지. 어느 누구에 의해서도 조종당하지 않는 너 말이야. 그러면 너는 네 앞에 끝없는 자유가 놓여 있다는 것을 알게 될 거야. 그러고 나서 스스로 만들어 나가야지. 자기 자신의 삶을. 그리고 의미를."

잠시 후 사르트르 아저씨는 카페를 나와 세느 강가를 걸으면서 노마에게 많은 이야기를 들려주셨다. 노마는 실제로 지금 펼쳐지고 있는 인간의 삶과 자유와 책임을 강조하는 사르트르 아저씨의 철학이 묵직하게 가슴에 와 닿았다.

"에피스테메!"

노마는 현실로 돌아온 후에도 손을 흔들며 배웅해 주시던 사르트르 아저씨의 모습이 계속 떠올랐다. 또한 파리의 아름다운 풍경이 한동안 머릿속을 떠나지 않았다.
 사르트르 아저씨와의 만남은 자유에 대해 새롭고 신중하게 생각해 볼 수 있는 계기가 되었다.

박사님과 함께

"얘들아, 그건 말이야"

헤겔의 철학이 온 유럽을 휩쓸다가 사라진 뒤 그에 반대하는 철학들이 봄날의 새싹처럼 여러 가지 모습으로 고개를 내밀게 되었습니다. 그 새로운 철학들과 더불어 우리들의 시대 '현대'가 열리게 되었습니다.

현대는 다양한 것이 존중되는 시대라서 철학도 다양한 모습으로 화려한 꽃을 피우게 되었습니다. 그 많은 철학들 중에는 인간들의 절실한 삶의 문제를 중심으로 생각한 것도 있었고, 말과 논리의 확실성을 중심으로 생각한 것도 있었습니다. 인간을 중시하는 철학들은 주로 독일과 프랑스 등 유럽 대륙 쪽에서 생겨났고 논리를 중시하는 철학들은 주로 영국과 미국 등지에서 펼쳐졌습니다.

독일 쪽에서 가장 먼저 헤겔에게 반기를 든 용사는 그가 살아 있을 때 같은 대학에서 가르친 적도 있는 쇼펜하우어였습니다. 그는 역사 속에나 현실 속에나 합리적인 이성이 숨어서 모든 것을 조종한다는 헤겔의 생각에 찬성하지 않고, 세계의 참모습은 그와는 다른 불합리한 것이라고 생각했습니다.

그는 칸트와 마찬가지로 세계에 두 가지 모습이 있다고 보았습니다. 하나는 우리 인간에게 비쳐져서 그려 낸 모습이고, 또 하나는 인간과 상관없는 세계 그 자체의 모습이라는 것입니다. 그려 낸 모습을 그는 '표상'이라고 불렀고 그 자체의 모습을 '의지'라고 불렀는데, 이중 의지가 세계의 참된 모습이고 표상은 헛된 것이라고 가르쳤습니다.

그러니까 하찮은 무생물에 이르기까지 세계의 모든 것은 뭔가를 하려고 하는 의지를 나타내고 있고, 인간도 '살려고 하는 맹목적인 의지'를 나타내고 있는데 이런 것이 세계의 진짜 참모습이라는 것입니다. 그런데 이 끝없는 의지는 완전히 만족되지 않고 욕망, 두려움, 질투, 분노 등을 일으키기 때문에 이 세상은 '괴로움'으로 가득 찬 나쁜 세상이라고 보았습니다.

이런 그의 생각을 보통 '염세주의'라고 부르지요. 그렇다면 어떻게 해야 그 괴로움에서 벗어나게 될까요? 그는 두 가지 방법을 알려 주었습니다. 첫째는 미술, 시, 비극, 음악 등 예술을 통해서 괴로움을 잊으라는 것이고, 둘째는 도덕을 통해 모든 사람이 '다 같이 괴롭다'는 것을 앎으로써 체념을 얻어 자기만의 이기주의가 사라지게 하고, 나아가서는 모든 의지를 아예 버림으로써 괴로움의 세계에서 영원히 벗어나라는 것입니다.

그는 이중 두 번째 방법이 더 완전한 것이라고 보았습니다. 이밖에도 그는 '세상의 모든 것들에는 다 까닭이 있다'는 것을 밝혀 논리학에 이바지하기도 했습니다.

쇼펜하우어에게 영향을 받은 독일의 니체는 전해지던 거의 모든 가치를 뒤집어 놓는 새로운 철학을 부르짖었습니다.

그는 우선 오랫동안 유럽 세계를 이끌어 온 수레의 두 바퀴인 기독교와 이성주의 모두에 반대했습니다. 기독교가 가르쳐 온 도덕은 잘난 사람을 짓누르고 못난 사람을 두둔하는 잘못된 '노예 도덕'이라고 꼬집

었어요. 또 천국의 희망을 설교하는 사람을 믿지 말라고도 했으며, 심지어는 '하나님이 죽었다'고까지 말했습니다.

그는 또 쇼펜하우어와 마찬가지로 이성이 인간의 참된 모습이라는 것도 인정하지 않았습니다. 그러나 그는 쇼펜하우어처럼 세상을 싫어하는 염세주의에 빠지지는 않았습니다. 그는 노예 도덕 대신에 '주인 도덕'을, 하나님 대신에 '초인'을, 이성 대신에 '힘을 향한 의지'를 가지고, 자기의 뜻대로 누구에게도 얽매이지 않고 자기의 인생을 헤쳐 나가려는 '주인 도덕'에 충실한 사람, 그런 '넘어서는 사람'을 '초인'이라고 불렀습니다.

사람은 모름지기 이런 초인이 되려고 노력해야 하며 주어진 운명에 대해서는 그것을 그저 견뎌 낼 뿐 아니라 적극적으로 사랑하는 '운명 사랑'의 태도를 가져야 한다고 외쳤습니다. 산다는 것이 '똑같은 것이 영원히 되풀이되는 허무한 것'일지라도 그것을 기꺼이 받아들이라고 니체는 가르쳤던 것입니다.

그의 이런 철학은 보통 사람들의 생각과는 상당히 다른 파격적인 것이었지만, 삶의 참모습을 알려고 하는 많은 사람들에게 큰 영향을 끼쳤습니다.

한편 이웃 나라 덴마크에서는 니체 이전에 이미 키에르케고르가 나타나서 니체와는 정반대 방향에서 새로운 철학을 펼쳤습니다.

키에르케고르는 한 사람 한 사람의 인생보다 전체를 중요하게 생각했던 헤겔 철학에 용감하게 맞서 싸웠습니다. 그는 한 사람 한 사람의 실제 삶이야말로 가장 중요한 것이라는 뜻에서 '주체성이 곧 진리'라고 외쳤습니다.

키에르케고르에게는 '나는 어떻게 살아야 할까' 하는 '나 자신의 삶'이 참된 철학의 문제라고 생각되었습니다. 그런 나 자신의 삶을 그는 '실존'이라고 불렀습니다. 그런데 그가 느낀 실존은 '하나님 앞에 홀로 선 고독한 외톨이'였기 때문에, 그는 '나는 어떻게 하면 참된 기독교인이 될 수 있을까' 하는 것을 자신의 숙제로 생각했습니다.

그런데 키에르케고르는 우리의 인생에는 '감각적으로 사는 것'과 '도덕적으로 사는 것'과 '종교적으로 사는 것'이라는 세 가지 단계가 있다고 하면서, 이중 세 번째인 종교적으로 사는 것이 진정으로 참된 기독교인이 될 수 있는 길이라고 가르쳤습니다.

키에르케고르는 또 끊임없는 쾌락을 좇아 다니며 감각적으로 사는 것도, 자기가 맡은 책임을 성실히 수행하며 도덕적으로 사는 것도, 완전한 것이 못 되기 때문에 결국은 각각 벽에 부딪쳐 '절망'을 느낄 수밖에 없다고 했습니다. '결단'을 통하여 인간이 하나님과 다르다는 것을, 그리고 인간이 하나님 앞에서 자기를 고집하여 죄를 지었다는 것을 인정해야 한다고 말했습니다. 그리스도를 믿음으로 받아들이고 영원한 하나님에게 의지하면서 그분의 말씀대로 충실히 사는 종교적 실존에 다다를 때, 참된 진정한 기독교인이 될 수 있고 영원한 행복으로 향하는 길이 열린다고 생각하게 되었던 것입니다.

자기가 자기의 삶을 스스로 살펴보는 키에르케고르의 이런 실존적인 태도는 그후 독일의 야스퍼스, 하이데거, 프랑스의 마르셀, 사르트르 등 많은 사람들에게 큰 영향을 끼치게 되었습니다.

독일의 하이데거는 원래 '있다는 게 뭘까?' 하는 파르메니데스 시절부터의 문제를 깊이 생각했는데, 그것을 풀기 위해서는 있다는 게 뭔지 희미하게라도 알고 있는 '인간'을 우선 살펴보아야 되겠다고 생각하면서 철저하게 인간을 연구했습니다.

그는 먼저 인간이 '세계 안에(깃

들어) 있다'는 것을 밝혀 냈습니다. 그러면서 인간은 그 안에서 만나게 되는 다른 사물들(그중에는 그냥 놓여 있는 사물들과, 쓰여지는 사물들이 있는데 특히 도구와 같이 쓰여지는 사물들)에 대해서 '배려'를 하고, 함께 있는 다른 인간들에 대해서 '고려'를 하면서 근본적으로 그것들과 얽혀 있다는 것을 알려 주었습니다. 그래서 그는 인간이 '있다'는 것은 곧 '마음 쓴다'는 것이라고까지 말했습니다. 그것이 인간의 가장 기본적인 모습이라는 것이지요.

세계 안에 있다는 이 말은 또 인간이 자기 뜻과는 상관없이 이미 세계 속에 '던져져 있다'는 뜻이기도 하다고 했습니다. 그러면서도 인간은 자신의 삶을 스스로 만들어 나가기도 하니까 '던지도록 던져져 있다'고 표현하기도 했습니다.

바로 이렇게 세계 안에 있기 때문에 인간은 세계에 대해 열려 있고 따라서 '이해'를 가질 수 있게 된다고 그는 가르쳐 주었습니다. 그런데 인간은 '우선 대개는' 자신의 참모습을 잊고 잡담과 호기심과 모호함 속에 빠져 정체불명으로 무책임하게 살아가고 있는데, 이런 '참되지 않은', '평소의', '타락한' 모습을 그는 '세상 사람'이라고 불렀습니다.

하이데거는 인간이 '불안'이라는 기분을 통해 자기가 본래 '죽도록 되어 있다'는 것을 알고 양심의 부름에 따라 자기의 죽음을 앞당겨 생각하고 마음을 새롭게 고쳐 먹을 때 인간의 '참된' '전체' 모습을 알 수 있게 된다고 가르쳤습니다. 그후에도 하이데거는 있다는 것이 어떤 것인지, 있다는 것과 인간의 관계가 어떤 것인지 등을 깊이 사색해서 널리 영향을 끼쳤습니다.

하이데거의 영향을 받은 프랑스의 사르트르도 하나님을 내세우지 않고 철저한 '인간주의'의 입장에서 있는 그대로의 인간의 참모습을 밝혀 보려고 했습니다. 그는 먼저 다른 사물들은 그저 있을 따름인데 오직 인간만은 자기가 있다는 것을 스스로 문제삼고 있어서 근본적으로 다르다는 것을 밝혔습니다.

이런 모습을 그는 하이데거와 마찬가지로 '실존' 또는 '대자'라고 불렀습니다. 그리고 그는 인간에게는 '미리부터 갖춰진 본 모습' 따위보다 '당장의 실제 삶'이 훨씬 더 중요하다고 믿어 '실존은 본질에 앞선다'고 말했습니다.

그는 또 인간이 죽어야만 되고 삶에 의미가 없다는 것을 느낄 때 '불안'을 느끼게 된다고도 했습니다. 나아가 그는 '인간은 아무 쓸모 없는 수난'이라고까지 생각했습니다.

그는 또한 인간이 자신의 삶을 스스로 만들어 가도록 되어 있다는 것을 '자유'라는 말로 나타내었습니다. 그런데 그는 이 자유가 인간이 감당하기 힘든 것이기 때문에 '인간은 자유라는 형벌에 처해졌다'고 표현했습니다. 그러나 인간의 삶에 본래 주어진 의미가 없다고 해서 '허무주의'에 빠지지는 않았습니다. 그는 인간이 스스로의 삶에 의미를 만들어 넣어야 한다고 가르쳤습니다.

이런 그의 사상은 '실존주의'라는 이름으로 한때 전세계에 크게 유행했었습니다.

chapter 2

듀이   러셀   비트겐슈타인

확실성을 좇는 현대의 거장들

듀이
지식은 도구이다

"애들아, 공부는 왜 하는 걸까?"

숙제를 하다 말고 나리가 불쑥 말을 꺼냈다.

"왜 그러니?"

열심히 공부를 하고 있던 노마와 동민이가 고개를 들고 나리를 쳐다봤다.

"공부를 하는 게 무슨 의미가 있는지 모르겠어, 난."

나리의 갑작스러운 이야기에 노마와 동민이는 눈을 동그랗게 뜰 뿐이었다.

"치, 웬일로 공부 좀 하나 했지. 벌써 싫증이 난 거로구나."

노마가 말했다.

"놀리지 마, 난 심각하다고. 도대체 공부는 왜 해야 하는 거지? 공부 안 해도 사는 건 똑같은데."

나리가 턱을 괸 채 말했다.

"어떻게 똑같니? 우리가 공부하는 건 많은 지식과 진리를 얻기 위해서야. 그래야 더 훌륭하고 행복하게 살 수 있는 거라고."

동민이가 말했다.

"그뿐만이 아니야. 우리는 공부를 통해서 생각하는 힘을 더 많이 기를 수 있는 거야. 우리가 생각하지 않는다면 동물과 다를 게 하나도 없잖아."

노마가 덧붙였다.

"도대체 진리란 게 뭔데?"

나리가 넋두리처럼 물었다.

"진리는……."

"그건 말야……."

노마와 동민이는 나리의 물음에 선뜻 대답하지 못하고 머리를 긁적였다.

"음, 그러니까 우리가 생각하는 것과 어떤 사실이 일치하면 옳다고 생각하잖아. 그게 바로 진리 아닐까?"

동민이가 한참 후에 말했다.

"너무 어렵다. 쉽게 말해."

나리가 투덜거렸다.

"예를 들어, 너희는 이것을 볼펜이라고 생각하니?"

동민이가 볼펜을 들어 보였다.

"그럼."

"그리고 실제로도 볼펜이 맞지?"

"그래."

"바로 그렇게 생각한 것과 사실이 실제로 일치하면 우리는 옳다고 생각하잖아. 그러니까 생각과 사실이 일치하면 그것이 진리라고 할 수 있지."

동민이가 설명했다.

"하지만 진리란 게 그런 것뿐일까?"

나리가 고개를 갸우뚱하며 말했다.

"나는 수학 같은 것이 진리라고 생각해. 예를 들어 1 더하기 1을 2, 2 더하기 3은 5와 같은 것은 언제나 틀림없이 꼭 맞으니까 진리라고 할 수 있겠지."

노마가 말했다.

"글쎄, 그건 그렇지만 그런 진리는 우리들의 실생활과는 직접 관계가 없잖아. 우리의 실생활과 직접 관계가 있는 실용적인 진리는 없을까?"

나리가 말했다.

"글쎄……."

"책을 찾아볼까?"

호기심에 가득 찬 노마가 제안했다.

"그래."

"아니, 그건 쉬운 일이 아니야. 이럴 땐 철학자에게 직접 물어보는 게 상책이야. 철학자 중에 누군가 실용적인 진리를 이야기한 분이 계실 거야."

동민이가 강력하게 주장했다.

"그래 좋아."

노마와 나리도 동민이의 뜻에 따르기로 했다. 노마는 얼른 서랍 열쇠를 집어 들었다.

"열려라참깨!"

아이들은 서랍 속으로 미끄러져 들어갔다. '실용적인 진리'를 생각하니까 앞 화면에 곧바로 '프래그머티즘-퍼스? 제임스? 듀이?'라는 글자가 나타났다.

아이들은 제일 마지막 듀이라는 이름을 선택하고 외쳤다.

"알레테이아!"

진리란 무엇일까

문이 열리자 어떤 대학교 같은 곳이 나타났다. 노마와 동민이는 지나가는 어떤 대학생에게 듀이라는 분을 만나고 싶다고 했다. 그 대학생의 안내로 막 현관을 들어서려고 하는 순간, 한 교수님이 헐레벌떡 뛰어나오며 세 아이를 맞이했다.

"애들아, 어서 오너라. 마침 강의 시간이라서 미처 마중을 나가지 못했단다. 미안하다. 자, 어서 들어가자. 참 인사가 늦었군. 나는 존

듀이라고 해."

"저는 노마예요."

"저는 나리구요."

"제 이름은 동민이에요."

아이들은 각자 자기 소개를 했다. 듀이 아저씨는 흐뭇한 표정을 지으며 자신의 연구실로 아이들을 안내했다.

코코아를 한 잔씩 마시고 분위기가 무르익자 듀이 아저씨가 말을 꺼냈다.

"너희들은 나에게 무슨 궁금증이 있어 왔니?"

"진리가 과연 무엇인지 알고 싶어서 왔어요."

노마가 제일 먼저 대답했다.

"진리? 오호, 참 좋은 질문이구나. 진리란, 우리에게 어떻게 행동해야 하는지를 가르쳐 준단다. 그래서, 결과적으로 주어진 문제를 잘 해결할 수 있게 하는 것이지. 나의 선배 철학자들은 그렇게 생각하셨어."

"그럼 진리란, 우리가 생활 속에서 부딪치는 여러 가지 문제를 잘 해결할 수 있는 것이어야 하는군요."

노마의 궁금증

듀이

1859년 미국 버몬트 주에서 태어난 듀이는 미네소타 대학, 미시간 대학, 시카고 대학, 컬럼비아 대학에서 교수로 활동했어요. 대표적인 실용주의 철학가였던 듀이는 민주적 교육의 원칙을 실현하기 위해 노력했는데, 1899년에 교육학과 교육 개혁에 대해 쓴 『학교와 사회』로 유명세를 타게 되었지요. 1916년, 『민주주의와 교육』을 발표한 후로는 미국을 대표하는 철학자이자 교육학자로 큰 명성을 얻게 됩니다.

듀이의 교육 사상은 전 세계적으로 큰 영향을 끼쳐, 1932년에는 '전국교육협회' 명예회장직을 지내기도 했어요.

노마가 밝은 표정으로 말했다.

"그렇지. 여태까지 철학자들은 그저 세상의 근원이 무엇인가 하는 것과 같이, 우리가 살아가는 데 직접적인 관련이 없는 문제들로 고심했었지. 그렇지만 우리 미국의 철학자들은 그런 밑도 끝도 없는 생각보다는, 문제 해결에 도움이 되는 것들이 진리라는 사실을 깨달은 거지."

존 듀이, 1950년경.

나리도 말을 꺼냈다.

"왜 그런 생각이 드셨어요?"

듀이는 벽에 걸려 있는 미국 지도를 가리키며 말했다.

"미국이라는 나라를 보렴. 처음에 미국이라는 나라는 황무지와 다름없는 곳이었단다. 이런 곳에서 자연과 싸우면서 우리는 많은 것을 이루어 왔지. 손에 못이 박히도록 일하는 우리에게 그저 책상에 앉아서 우주가 어떻고, 세상의 근본은 무엇인가 하고 고민하는 것이 얼마나 도움을 줄 수 있겠니?"

동민이가 맞장구를 쳤다.

"아! 그래서 그런 생각을 하신 거로군요."

"다시 말해서, 우리를 행복하게 하는 결과를 가져오는 생각들은 모두 진리라고 할 수 있단다. 그게 내 스승격인 제임스 선생님의 확고

한 생각이셨지."

노마가 다시 질문했다.

"그럼, 그 진리는 항상 변하지 않아요?"

"아니, 변한다고 할 수 있지."

"진리가 변한다고요? 진리라고 하면 항상 변함 없이 참된 것을 말하는 것은 아닌가요?"

동민이가 갸우뚱했다.

"글쎄. 진리라고 하는 것은 우리가 부딪치는 문제를 잘 해결하고 좋은 결과를 가져오는 것이라고 하지 않았니?"

"네."

노마와 나리와 동민이가 일제히 대답했다. 듀이는 다시 질문을 던졌다.

"그럼 우리가 그때그때 부딪치는 여러 가지 문제를 해결하는 방법은 한 가지만 있을까?"

"아니오."

동민이가 제일 큰 소리로 대답했다. 동민이를 바라보며 듀이가 빙그레 미소를 지었다.

"그래. 우리가 부딪치는 여러 가지 문제를 잘 해결할 수 있는 생각들이 바로 진리이기 때문에, 진리는 하나이고 절대 변하지 않는 것이라고는 말할 수 없는 거란다."

노마와 나리, 동민이는 그제야 조금 이해가 되는 듯, 다 같이 고개를 끄덕였다.

생각은 도구이다

코코아를 제일 먼저 다 마신 동민이가 말을 꺼냈다.

"참, 그리고 또 궁금한 게 있어요."

"그게 뭐니?"

"그럼 생각한다는 것은 무엇인가요?"

"음, 먼저 그 이야기를 하기 전에 '생각' 하면 떠오르는 것이 무엇인지 말해 보렴."

"사람이오. 사람만이 생각할 수 있는 힘을 타고 났으니까요."

"그게 바로 인간이 동물보다 훨씬 뛰어난 점이잖아요."

먼저 나리가 대답하고 동민이가 거들었다.

"그럼, 너희들 혹시 인간이 원숭이로부터 진화되었다는 이야기를 들어 본 적이 있니?"

"네."

왜 원숭이 이야기를 꺼낼까 궁금해하며 노마가 대답했다. 듀이는 질문을 계속 했다.

"그럼, 우리의 조상인 원숭이와 우리는 전혀 다른 세계에 살고 있는 걸까?"

"아니오."

노마가 당연하다는 듯 대답했다.

"그래. 나는 인간이라고 해서 동식물과 특별히 다르다고는 생각지 않는단다. 인간도 그들과 마찬가지로 환경의 영향을 받으며 살아온 것이지."

"그럼, 사람도 동물과 똑같다는 건가요?"

알쏭달쏭한 표정으로 나리가 물었다.

"그런 말은 아니란다. 내가 하고자 하는 말은, 사람은 오직 생각하면서 사는 것이라기보다 주위 환경의 영향을 받으며 '경험'을 통해서 많은 것을 배우며 살아간다는 것이란다."

"경험이라고요?"

노마와 나리와 동민이는 일제히 질문했다.

"그래. 어린아이가 불에 손을 데었을 때 화상을 경험함으로써 열과 아픔이 무엇인지를 알고 조심하게 되는 것과 같이, 환경에 적응해 가는 것이 곧 경험이란다."

노마의 궁금증

듀이학교

듀이가 자신의 교육 이론을 적용하기 위해 1896년 시카고 대학에 만든 실험학교예요. 이 실험학교는 4세~14세까지의 어린이들을 10개 집단으로 나누어 구성하였어요. 처음에는 교사 2명, 아동 16명으로 시작되었으나, 1898년 가을에는 아동이 82명으로 늘어나면서 각 교사가 8~10명씩을 담당하는 형태를 띠게 되었답니다.

듀이학교는 교육계에 커다란 공헌을 했으며, 듀이의 심리학적, 교육학적 이론의 타당성을 뒷받침해 주는 바탕이 되었어요.

"하지만 경험만으로 어떻게 이 복잡한 세상을 살겠어요?"

노마는 왠지 모르게 한숨이 나왔다. 듀이 아저씨는 노마에게 미소를 지어 주었다.

"그것 참 의미 있는 말이구나. 노마의 말처럼 우리는 경험만으로는 살 수 없으며, 때때로 환경에 적응하지 못하고 어떤 어려움에 부딪치게 되지. 그때 바로 그 어려움을 극복하기 위해 생각이 필요한 것이란다."

"그럼, 결국 생각을 통해서 문제를 해결한다는 것이군요?"

나리가 대답했다.

"생각이 직접 문제를 해결해 주는 것은 아니란다. 생각은 다만 우리가 행동하는 것을 효과적으로 이끌어 주는 '도구'로 이용되는 것뿐이란다."

"도구라고요?"

나리는 다시 모르겠다는 표정이었다.

"그래. 생각한다는 것은 우리가 무조건 아무렇게나 행동하는 것을 막아 주고 효과적으로 목적을 이룰 수 있게 해 준단다. 다시 말해서, 살아가면서 부딪치는 많은 어려움을 잘 극복하게 해 주고 고통을 적게 해 주는 도구로 쓰이는 것이지."

"그렇지만 생각만으로 문제가 해결되지 않을 때는 어떻게 해야 하지요?"

동민이가 진지하게 물었다.

"물론 그럴 경우에도 우리는 그 문제를 '탐구' 해 봐야겠지."

"탐구? 과학 시간에 특히 많이 들어 본 말인데……."

노마가 중얼거렸다.

"그래 맞아. 탐구라는 것은 어려운 문제를 만족스러운 결과로 풀어 가는 과정을 말한단다. 그렇기 때문에 요즘 학교에서 많이 이용하고 있지."

"그럼 탐구는 어떻게 하나요?"

"탐구는 먼저 우리가 부딪친 문제점이 무엇인가를 끌어 내고, 그 문제의 해답을 예상해 보고, 과연 그 해답이 적절한지를 검토해 보고, 그리고 문제 해결 방법을 생활에 이용해 보기 전에 실험을 통해서 확인해 보고, 그러고 나서 문제가 해결된 것인지, 다시 처음부터 시작할 것인지를 마무리하는 5단계가 있단다. 이 5단계를 탐구의 과정이라고 할 수 있지."

나리가 고개를 끄덕였다.

"저희가 학교에서 탐구 방법을 배우는 것도, 결국은 어려운 문제를 잘 해결해서 만족할 만한 결과를 얻기 위한 도구로써 이용하는 것이군요."

"그렇단다. 우리는 학교 교육을 통해서 이처럼 문제를 해결하는 능력을 키우고 소질과 재능을 충분히 발휘함으로써, 생활에 잘 적응해 나가야 하지 않겠니?"

"저희가 공부를 한다는 것은 바로 그런 의미군요."

동민이도 알았다는 듯 끼어들었다.

"그래. 단순히 어떤 지식을 머릿속에 암기하는 것이 아니라, 경험을 해 봄으로써 생활에 쓸모 있는 지식을 배우는 것이 바로 공부라고 할 수 있지."

"생활에 쓸모 있는 지식! 그것이 바로 진리 아니에요?"

동민이가 짐짓 철학자같이 말하자 노마가 웃었다.

"동민이가 오랜만에 쓸모 있는 말을 하는구나."

노마의 말에 나리도 듀이 아저씨도 모두가 즐겁게 웃음을 터트렸다. 동민이가 멋쩍은지 얼굴을 붉혔다.

그때 벽시계가 울렸다. 듀이 아저씨는 깜짝 놀라며 말했다.

"이런, 또 강의 시간이 되었구나. 미안하지만 나는 실례해야겠다. 다음에 또 만나기로 하자꾸나."

"오늘 참 즐거웠어요. 많은 것을 배웠구요. 다음에 또 뵈러 올게요. 안녕히 계세요."

아이들은 듀이 아저씨에게 인사를 하고 연구실을 나왔다.

"에피스테메!"

아이들은 서랍 밖으로 빠져 나왔다.

"오늘 정말 좋은 것을 배웠어. 아는 것과 실천하는 것이 일치한다는 건 정말 중요해. 그런 실용적인 진리도 있다는 걸 알게 된 것은 정말 큰 수확이었다구."

나리가 말했다. 그 말을 받아 동민이가 이야기했다.

"우리가 학교에서 배우는 것들도 다 문제를 해결하기 위한 도구로 쓰이는 거야. 그러니까 나리야, 앞으로는 공부하다 말고 공부를 왜

듀이가 교수로 재직했던 컬럼비아 대학의 도서관.

해야 하는지 모르겠다고 투덜거리면 안 돼. 알았지?"
"애는……."
나리가 살짝 눈을 흘겼다.
"하하하하……."
노마와 동민이가 웃음을 터뜨렸다.

러셀
논리적 분석

"노마야, 이거 정리해 놓자."

동민이와 나리가 책을 한아름 가지고 와서는 노마에게 도움을 청하였다.

"음……."

노마는 책상에 턱을 괴고 한껏 피곤한 표정을 지었다.

"빨리 옮기자. 어제 네가 정리하자고 먼저 말했잖아."

나리는 노마의 꾸물거리는 태도가 못마땅해서 소리쳤다.

"누가 안 한대?"

노마는 느릿느릿 일어섰다.

"야, 하기 싫으면 그만둬."

"그게 아니라, 몸이 말을 안 들어. 나도 늙었나 봐."

그렇게 말하는 노마는 정말 힘이 없어 보였다.

"치, 조그만 게. 어른들이 들으면 화내시겠다."

동민이가 웃으며 말했다.

"벌써부터 이러다가 나중에 진짜 할아버지 되면……."

나리는 백발이 성성한 노마를 떠올리며 큰 소리로 웃었다.

"그게 웃을 일이니? 나이 먹으면 다 힘이 없어지는 거라구."

노마가 입을 삐죽거렸다.

"러셀이라는 철학자를 보면 그렇지도 않더라."

동민이가 시큰둥하게 말했다.

"러셀? 러셀이 누군데?"

버트런드 러셀, 1950년경.

"그분은 98세로 세상을 떠날 때까지 지칠 줄 모르는 열정으로 철학, 과학, 정치 등의 분야에서 뛰어난 업적을 세운 철학자야."

"98세! 우아……."

노마가 놀랍다는 표정을 지었다.

"어떤 업적을 세웠는데?"

나리는 러셀에 대하여 호기심이 생긴 모양이었다.

"러셀은 많은 철학 서적을 썼을 뿐만 아니라, 평화주의 운동을 하기도 했어. 또 노벨문학상까지 탈 정도로 뛰어난 문학가였어. 정치 활동도 열심이셨고, 대학에서 강의도 하셨지. 특히 놀라운 건 80세가 넘어서 쓴 책이 아주 많다고 하더라."

"와! 정말 대단한 활동가이시구나."

나리는 감탄의 소리를 질렀다.

"하지만 정치가면 정치 활동에 모든 노력을 기울여야 하고 철학자면 철학에 모든 정열을 쏟아야지, 이 일 저 일 벌여 놓기만 하면 깊이가 없는 거 아니야?"

노마가 말했다.

"하지만 러셀이 평화 운동을 하지 않았다면 우리는 지금 핵 전쟁의 공포 속에서 살고 있을지도 몰라."

"그러고 보니, 인간의 자유와 세계 평화에 대한 신념을 위해 감옥살이도 기꺼이 받아들였던 러셀이 '핵 금지 조약'에 큰 영향을 주었다는 걸 어디선가 읽은 것 같아."

나리가 말했다.

"그렇지만 학자가 정치가가 될 수는 없는 거라구. 학자의 삶은 진리 탐구에 있지만, 정치가는 세상과 타협하기도 하고 진리를 외면하는 경우도 있잖아."

"아니지. 러셀은 오히려 그의 사상인 자유와 박애, 세계 평화를 실현하기 위해 정치가가 되려고 한 거야. 비록 선거에서 세 번이나 낙선하고 말았지만. 자신의 사상을 말로만 역설하는 것보다는, 고통

받는 사람들을 위해 실천하려는 것이 더 정직한 거야."
동민이가 노마의 말에 반대 의견을 내놓았다.
"그때, 사진에서 보니까 마르고 병약해 보이던데, 겉보기와는 달리 삶과 진리에 대한 열정이 대단한 분인 것 같아. 전 생애를 바쳐 새로운 철학을 주장해서 철학의 발전에 큰 영향을 미쳤을 뿐 아니라, 사회 운동가로서 세계 평화와 자유를 위해 위대한 업적을 세웠으니 말이야."
나리가 러셀의 모습을 떠올리며 중얼거렸다.
"참 부럽다. 나는 벌써부터 힘이 빠지고 의욕이 없어지는데."
노마가 부끄러운 듯 말했다.
"그건 일에 대한 열정이 없기 때문이야. 그리고 너처럼 뜨거운 마음이 없는 사람은 이미 죽은 거나 다를 바 없어."
나리가 말했다.
"죽은 것이라고? 내가 왜 벌써 죽냐. 자 봐."
노마는 이렇게 말하며 나리 옆에 있는 책을 한아름 들고 보란 듯이 웃어 보였다.

노마의 궁금증

러셀

1872년 영국 명문 귀족의 아들로 태어난 러셀은 철학자이자 논리학자, 수학자, 사회사상가로서 많은 활약을 했어요. 논리학자로서의 러셀은 기호논리학을 집대성하였고, 철학자로서의 러셀은 분석철학의 토대를 마련했어요. 수학자로서의 러셀은 「수학 원리」를 통해 수학과 논리학의 통일성을 제시했고, 사회사상가로서의 러셀은 핵무장 반대 농성을 벌이다가 금고형을 받기도 했지요.
1950년에는 노벨문학상을 수상하기도 했습니다.

정확한 말의 사용

"노마야, 빨리 와."
"알았어."

스코틀랜드에 핵 미사일을 탑재한 미국 잠수함 기지를 건설하려는 데 반대하는 러셀(오른쪽), 1961년.

노마와 나리, 동민이는 모처럼 일찍 일어나 약수터에 물을 뜨러 가는 길이다. 동민이와 나리는 발에 날개가 달린 듯 뛰어가는데, 노마는 자꾸만 뒤처지고 있었다.

약수터에 이른 세 아이는 저마다 소리를 질렀다.

"야호!"

"아! 상쾌해."

나리는 기지개를 켜며 소리쳤다.

"이제 물을 받자."

세 아이는 실컷 소리를 지르고 나서 약수터로 왔다. 먼저 노마가 물통 가득히 물을 받았다.

"동민아, 물통 이리 던져."

노마가 동민이에게 소리쳤다.

"자, 받아."

'꽝!'

"아야! 야, 던지면 어떡해."

동민이가 던진 물통에 머리를 맞은 노마가 머리를 감싸쥐며 벌떡

일어섰다.

"던지라고 하고선……."

동민이가 미안한 표정을 지었다.

"던지라고 했다고 진짜 던지면 어떡하냐? 내 말은 그냥 물통을 달라는 말이었어."

"그럼 그렇게 말을 하지."

나리가 물통을 집으며 말했다.

"척 하면 알아들어야지."

노마는 이마를 만지며 얼굴을 찌푸렸다.

"말을 정확하고 분명하게 사용하지 않은 건 바로 너야. 그런데 지금 누구에게 큰소리니?"

동민이도 언짢은 얼굴이 되었다.

"그래. 동민이 말대로, 모호하고 잘못된 말의 사용은 우리의 생각에 혼란을 가져오는 원인이 돼."

나리가 중간에 끼어들었다.

"러셀이란 철학자가 언어를 주의 깊게 분석함으로써 철학의 모호성을 제거하려 한 것도, 말의 쓰임을 아주 중요하게 생각했기 때문인 거야."

동민이가 나리의 말에 덧붙였다.

"러셀? 아! 그 장수한 할아버지."

노마는 며칠 전 동민이가 말한 철학자를 떠올렸다.

"그래. 러셀이라는 분은, 우리가 사용하는 말을 분석함으로써 지식이나 세상에 대한 이해를 명확하고 정당한 것으로 만들어야 한다고 주장했어."

동민이가 말했다.

"분석?"

"그러니까 예를 들면, 나리에게 '형부'에 대해서 물어보면 어떤 대답이 나올까?"

"그야, 우리 언니의 남편이지 뭐."

"이때 형부는 언니의 남편이라는 말로 해석되고, 또 언니는 나와 같은 부모를 가진 여자로 해석되지. 즉, 형부라는 복잡하고 어려운 단어는 여자, 부모, 남자와 같은 덜 복잡하고 어린아이도 알아들을 수 있을 만큼 쉬운 단어로 분석된다는 말이야."

동민이가 진지하게 설명했다.

"야, 그건 너무 복잡하다. 대충 알아듣는 편이 빠르겠다."

노마가 동민이의 긴 설명을 듣고 나서 말했다.

"그렇지 않아. 복잡한 것 같지만, 이런 과정을 거치지 않게 되면 어려운 말은 복잡하고 모호하기 때문에 잘못을 저지르게 될 수 있어. 또 때로는 엉뚱한 상상력을 발휘해서 부적당한 추리를 하게 되는 결과를 낳게 되는 거야."

동민이가 말했다.

"애들아, 물 넘친다."

그때 뒤에서 할아버지의 목소리가 들렸다.

"노마야, 네 물통 뚜껑 어디 있니?"

동민이가 서둘러 물통 뚜껑을 찾으며 물었다.

"……."

"애가 꿀 먹은 벙어리가 됐나. 왜 대답이 없을까?"

나리가 이상한 듯 노마를 바라보았다.

"노마야!"

이번에는 동민이가 노마의 귀에 대고 소리를 빽 질렀다.

노마의 궁금증

분석철학

분석철학은 20세기 초 영국에서 시작되어 이후 미국과 영국 현대 철학의 주류가 되었어요. 과학과 일상 언어의 개념이나 의미를 밝히는 것을 목적으로 하여, 언어를 통해 명제를 비판하고 참과 거짓을 가려내려는 시도를 하고 있지요.

분석철학의 대표적인 철학자로는 러셀과 무어, 비트겐슈타인을 꼽을 수 있답니다.

"야, 조금만 기다려. 어떤 말을 해야 정확한 말이 되는지 지금 분석 중이란 말이야."

노마가 심각한 얼굴로 말했다.

"뭐라구?"

물통을 들던 동민이와 나리는 노마의 엉뚱한 대답에 웃음을 터뜨리고 말았다.

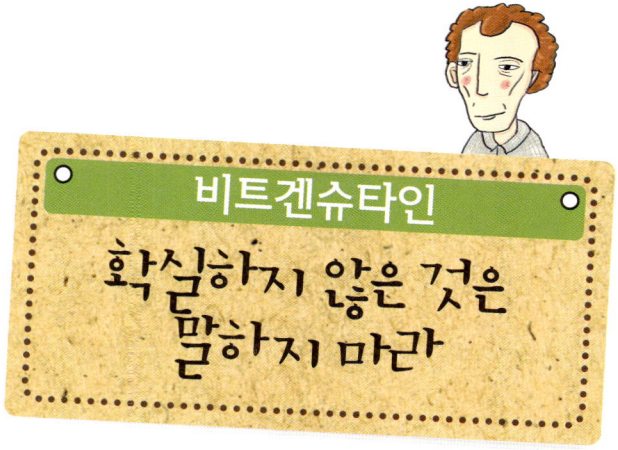

비트겐슈타인
확실하지 않은 것은 말하지 마라

기오와 함께 쓰는 노마의 방이 오늘은 기오의 친구들로 가득 차 발 들여 놓을 틈도 없었다.

동민이네 집에서 함께 숙제를 하고 책을 읽기 위해 집으로 온 노마는 하는 수 없이 동민이와 함께 삼촌 방으로 가야 했다.

"동민아, 삼촌 방으로 가자. 아직 삼촌이 오시지 않아 방이 비었을 거야."

"그랬다가 나중에 혼나면 어떻게 하려구……."

동민이가 걱정스런 얼굴로 노마를 보며 말했다.

"조용히 책만 읽을 건데 혼날 일이 뭐 있니?"

노마는 말을 끝내기도 전에 동민이의 팔을 잡고 삼촌 방으로 갔다.

 삼촌 방은 웬일인지 지저분했다. 여기저기에 책이 펼쳐진 채 흩어져 있었고, 살짝 열린 창문 틈에서 들어오는 바람 때문에 커튼이 펄럭이고 있었다.
 "동민아, 앉자."
 "이 방 주인은 너희 삼촌이 아니라, 꼭 책 같구나……."
 동민이는 한 곳에 앉아 방을 휘둘러보며 중얼거렸다.
 "우리 집 철학자거든."
 노마가 얼굴에 장난기 섞인 웃음을 띠고 말했다. 그리고는 잠시 여기저기 펼쳐진 삼촌의 책들과 공책들을 들여다보았다. 그중에서 낡은 밤색 공책이 눈에 들어왔다.
 "'밤색 책을 연구한 밤색 노트'야! 제목 한번 재미있는걸."

동민이가 슬쩍 공책을 펼쳐 보며 말했다.
"우리 삼촌은 글을 잘 쓰시니까."
노마가 자랑스럽게 말했다.
"그런데 노마야, 도무지 알아볼 수 있는 게 하나도 없어. 깨알 같은 글씨가 하나 가득이야."
동민이가 머리를 내저으며 말했다. 이때, 방문이 조용히 열리며 삼촌이 들어왔다.

노마의 궁금증

비트겐슈타인

20세기의 가장 위대한 철학자 중 한 명으로 꼽히는 비트겐슈타인은 1889년 오스트리아에서 태어났어요. 아버지는 철강업을 하는 갑부였는데, 소박한 삶을 원했던 비트겐슈타인은 아버지로부터 물려받은 재산을 문인과 예술가들에게 나누어 주었대요. 자선단체에도 기증을 했고요.

"어! 너희들이 웬일이니? 내가 방을 잘못 찾았나?"

삼촌이 노마와 동민이를 번갈아 쳐다보며 일부러 어리둥절한 척을 했다.

"제 방에 기오 친구들이 많이 와서 잠시 삼촌 방에 와 있는 거예요. 곧 나갈게요."

노마가 미안한 듯 웃으며 재빨리 말했다.

"아니야, 괜찮아. 내 방은 언제나 열려 있으니까 말이야."

"그런데 삼촌, 이 공책에 쓴 것들은 뭐예요?"

"응? 어디…… 아니, 이건! 얘들아, 이 공책에 혹시 낙서를 한 건 아니겠지."

삼촌은 급히 노마의 손에서 공책을 잡아채어 이리저리 살펴보며 물었다.

"그렇게 소중한 거예요?"

"그럼. 내가 심혈을 기울인 비트겐슈타인 연구라고."

"비트겐슈타인이요? 처음 들어 보는 이름인데 누구예요?"

"내가 무척 존경하는 철학자 중 한 분이야."

"어떤 분인데요?"

"진정으로 철학을 사랑한 분이었지. 그러나 그분은 그걸 이용해 생활을 하려는 직업적인 철학자는 아니었어."

"직업적인 철학자라구요? 철학하는 것을 직업으로 삼는 사람을 말

하나요?"

동민이가 확인하듯 삼촌을 보며 물었다.

"그렇지. 그들은 학문 연구를 매일매일의 주된 일로 삼고, 또 그것을 사람들에게 가르치지. 그리고 그것으로 인해 얻어지는 수입으로 생활을 하고……."

"그렇다면 비트겐슈타인은 그러지 않았다는 말이에요?"

"그래."

"하지만, 자신이 연구하고 애써 얻은 성과를 혼자만 알고 있다면, 그건 학문을 자기만의 것으로 만들려는 욕심이 아닐까요?"

"맞아요. 또 가르침을 통해 생긴 수입을 거절할 필요도 없구요."

"물론 훌륭한 생각이야. 몸소 찾아낸 진리를 널리 알리는 것도 철학자의 중요한 임무 중 하나이기는 해."

"그런데 그분은 왜 그러지 않았어요?"

"비트겐슈타인은 사람들 앞에서는 감탄할 만큼 훌륭한 말들을 하고는 뒤돌아서면 그와 반대의 행동을 하는 거짓된 철학자를 미워했단다. 그래서 스스로 그러한 일을 하지 않은 거야."

"쉽게 말해서, 자신이 말한 것과 행동이 일치할 때에만 진정

루드비히 비트겐슈타인, 1930년경.

한 철학자라고 할 수 있다는 뜻이군요."

노마가 잠시 생각을 하다가 말했다.

"그렇지. 만약 그렇지 않다면 남에게 보이고 이익을 얻기 위해 학문을 하는 것밖에는 안 되잖니? 그런 사람은 진정한 철학자라고 할 수 없어."

"그럼, 비트겐슈타인은 학교에서 철학을 가르치고도 돈을 받지 않았나요?"

"아니, 그런 건 아니야. 다만 생계를 유지하는 데 필요한 최소한의 비용을 빼고는 자기가 받은 유산이나 모든 재산을 형제나 친구들에게 나누어 주었지. 또 이곳 저곳에서 들어오는 강의 요청도 모두 거

오터탈 초등학교 교사 시절, 1925년경.

절했어."

"왜 그랬을까요?"

동민이가 도저히 이해할 수 없다는 듯한 얼굴로 물었다.

"내 생각에, 그는 참다운 학문 연구란 모든 물질적 소유에서 벗어났을 때 가능하다고 보았던 것 같아."

노마는 고개를 끄덕였다. 그러면서 질문을 이었다.

"그럼 비트겐슈타인의 철학하는 자세는 어떤 것이었지요?"

"바로 가난 속에서 끊임없이 생각하고 토론하고 고민하는 것이었지. 철학을 진심으로 사랑하는 마음으로 말이야."

노마는 삼촌의 마지막 말에 가슴이 찡했다. 오로지 철학 연구에 자신의 순수한 정열을 불태운 철학자 비트겐슈타인!

노마는 그가 점점 궁금해졌다.

노마의 궁금증

비트겐슈타인과 언어

비트겐슈타인은 초반에 '논리적 원자론'을 주장했어요. 원자라는 것은 물질을 이루는 가장 기본적인 단위지요? 논리적 원자론 역시 더 이상 단순한 명제로 분해할 수 없는 가장 간단한 형식의 명제가 있다는 이론이에요. 여러 명제는 한 체계의 논리적 기초가 되는 명제들의 복합이나 일반화를 통해 이뤄진다는 주장이었지요.

그러나 후반으로 가면서 비트겐슈타인은 '일상 언어'에 관심을 기울이게 돼요. "논리적으로 일관되게 말해질 수 있는 것만이 '의미'를 지니며 그 외 다른 모든 것은 불합리한 것이거나 말할 수 없는 것이다."라고 주장하기까지 했다고 하네요.

말의 혼란

"오! 나는 길을 잃었도다……."

노마네 대청마루에서 함께 숙제를 하던 동민이가 갑자기 고개를 번쩍 치켜들고 큰 소리로 외쳤다.

"갑자기 길을 잃다니 무슨 소리야. 집에 가는

길이 생각이 안 난다는 거야?"
나리가 꽤 심각한 동민이의 얼굴을 보며 물었다.
"그런 뜻이 아니야……."
"그럼 심부름 가야 할 장소를 잃어버리기라도 했니?"
이번에는 노마가 웃으며 말했다.
"어휴, 말도 통하지 않는 너희들과 친구 사이라니……."
"그럼 우리가 무슨 신통력이라도 가졌니? 네 마음속까지 훤히 들여다보게."

나리가 동민이에게 쏘아붙였다.

"내 말은, 지금 수학 문제를 풀다가 막힌 문제를 어떤 방법으로 풀어야 할지 막막하다는 소리야."

동민이가 문제를 짚으며 큰 소리로 설명했다.

"어휴, 그럼 그렇게 자세하고 분명하게 말을 해야 알지, 갑자기 길을 잃었다고 하니 누가 알아듣겠니?"

"그거야. 발 딛고 걸어가는 땅을 '길'이라고도 하지만, 장래의 나아갈 바나 문제를 풀 때의 방법이나 공식도 '길'이라고 할 수 있는데,

노마의 궁금증

케임브리지 학파

러셀, 무어, 비트겐슈타인의 공통점은 무엇일까요? 그들은 20세기를 대표하는 철학자들이고, 분석철학의 대표 주자랍니다. 그리고 또 한 가지! 그들은 케임브리지 대학을 졸업하고, 그곳에서 교수 생활을 했다는 공통점도 있어요. 그래서 이 세 사람을 '케임브리지 학파'라고 불러요. 베를린과 맨체스터에서 공학 공부를 하던 비트겐슈타인은 케임브리지 대학으로 건너가 철학을 공부하기 시작했는데, 이때 러셀, 무어와 스승-제자 사이로 만나게 돼요. 러셀과 무어로부터 철학을 배운 비트겐슈타인은 그 자신도 후에 케임브리지 대학의 교수가 되어 학생들을 가르쳤지요.

못 알아듣는 너희가 이상한 거지."

"물론 우리는 보통 그렇게 쓰고는 있어. 하지만 같은 말을 여러 뜻으로 사용하는 건 문제가 있는 것 같아."

노마가 진지한 눈빛으로 동민이와 나리를 보며 말했다.

"글쎄, 대개는 같은 말을 여러 뜻으로 써도 알아들으니까 별 문제점은 없다고 봐."

동민이가 대수롭지 않다는 투로 말했다.

"하지만 말을 사용할 때 전혀 다른 기준을 가진 말을 모호하게 써서 혼란을 주는 경우가 많아."

"예를 들면?"

나리가 노마의 말에 관심을 느낀 듯 재빨리 물었다.

"예를 들면, 밥을 먹고 나서 한참이 지난 뒤 '이제 배가 꺼졌어'라고 말할 때와 '촛불이 꺼졌어'라고 말할 때 '꺼졌다'라는 말은 첫 번째의 경우는 음식물이 속에서 '소화됐다'는 의미야. 하지만 두 번째는 빛과 열을 내는 불이 '사라졌다'는 뜻이라구."

"그러니까 지금 네 이야기는 우리가 서로 뜻한 바가 다른데 같은 말을 쓰고 있다는 거지?"

"맞아. 그렇기 때문에 뜻을 잘 헤아리지 못해 혼란스러울 때가 있는

러셀, 무어, 비트겐슈타인이 교수로 재직했던 영국 커임브리지 대학 트리니티 칼리지의 광장.

케임브리지 대학 트리니티 칼리지의 도서관. 케임브리지 대학은 여러 개의 단과 대학으로 나뉘어져 있으며, 트리니티 칼리지도 이 대학 단과 대학 중 하나이다.

거야."

"그리고 또 있어."

"뭐가?"

이번에도 나리는 대답을 재촉했다.

"말 때문에 생기는 혼란 말이야."

"뭔데?"

"저번에 시골에서 오신 우리 고모가 사촌 형 이야기를 하시는데 '아이고 그녀석은 매일 놀기만 좋아해서 크면 입에 풀칠이나 하려는지 모르겠다'고 하시면서 속상해하신 적이 있었어. '입에 풀칠한다'는 게 무슨 뜻인지 도무지 알 수가 없었다구."

"그건 아마 일을 해서 돈을 벌어야 밥을 먹고 사니까 일을 한다는 뜻일 거야."

"하지만 대화를 나눌 때 누구나 분명하고 쉽게 알아들을 수 없으니 답답하잖니?"

"후유……. 그럼 우리가 사용하는 이런 말들에서 오는 혼란을 없애는 방법은 없을까?"

노마가 눈을 지그시 감으며 혼잣말을 했다.

"너희들 아주 중요한 문제에 대해 토론 중이구나."

언제 오셨는지 삼촌이 우유 한 잔을 손에 들고 세 아이 옆에 서 계셨다.

"어! 삼촌. 지금까지 저희들이 한 얘기 다 들으셨어요?"

노마가 깜짝 놀라 눈을 동그랗게 뜨고 말했다.

"그래. 나도 항상 그 문제를 고민했단다."

"그래서 해답을 얻으셨나요?"

나리가 궁금한지 재촉하듯 물었다.

"글쎄……. 그런데 너희들 영국의 비트겐슈타인이라는 철학자에 대해 들어 본 적이 있지?"

"네. 저번에 말씀해 주셨잖아요. 비트겐슈타인의 검소한 생활과 진지한 철학자로서의 모습에 관한 삼촌의 이야기를 듣고서 친구들과 얘기도 했었어요."

노마가 아는 이름이라 반갑다는 듯 환하게 웃으며 말했다.

"그가 가장 중요시한 철학적인 문제가 바로 '말'에 대한 것이었단다. 말은 어떤 기능을 가지고 있고, 어떻게 사용해야 하는가는 물론, 또 생활이나 사상의 혼란이 말에서 온다고 생각하고 그것을 해결하려고 애썼단다."

"그렇다면 비트겐슈타인이 '말'에 대해 연구하여 얻어 낸 결론은 뭐죠?"

"우선 '말'이란 세계를 나타내며 우리의 생각을 다른 사람들과 주고받을 수 있도록 하는 일을 한다고 했어."

"세계를 나타낸다는 건 무슨 뜻이에요?"

"우리는 말을 통해서 이 세계의 모습을 알 수 있다는 거야. 예를 들면, '이 지구는 육지와 물의 비율이 3대7이다'라는 사실은 말로 나타낼 수 있기 때문에 알 수 있는 게 아니겠니?"

"음, 무슨 뜻인지 알겠어요."

삼촌의 설명에 모두 고개를 끄덕였다.

"비트겐슈타인이 밝히려고 한 것은 그것만이 아니었어."

"또 있어요?"

"바로 우리가 '말할 수 있는 것'과 '말할 수 없는 것'을 분명히 가려내려고 했지."

"뭐 하러 그런 연구를 했지요? 말이 있으니까 말을 쓰며 불편없이 살고 있는 건 너무도 당연하잖아요."

동민이는 별로 중요한 문제가 아니라고 여기는 듯했다.

"우린 대개 말을 사용하는 걸 당연하다고 여기고 그냥 지나쳐 버리지만, 비트겐슈타인은 말을 잘못 사용해서 생기는 혼란을 해결해 보고자 했기 때문이야. 그게 바로 철학의 본분이라고 그는 굳게 믿었지."

"그래서 비트겐슈타인은 어떤 결론을 내렸지요?"

"처음에 그는 말을 그림이라고 생각했어."

"말이 그림이라니요? 보이지도 않는 말이 어떻게 그림이 될 수 있어요?"

나리가 삼촌의 말에 웃으며 질문했다.

"그건 좀 전에 말한 것처럼, 말은 이 세계의 온갖 사태들을 그대로 그림처럼 나타낼 수 있을 때 그 의미가 있다는 뜻이야. 그러니까 '제주도에는 한라산이 있다'라고 말했을 때, '제주도'와 '한라산'이라는 말은 실제로 있는 것을 그대로 나타내잖니?"

"하지만 그것과는 달리 '우리는 어떻게 살아야 할까?' 또는 '영혼은 정말 있을까?'라는 문장은 말로 쓰지만, 이 세계 안에 보이는 사물은 아니잖아요?"
노마는 삼촌의 설명을 잠자코 듣고 있다가 자기 생각을 말했다.
"물론 그렇지. 비트겐슈타인은 그러한 문제들은 우리가 쓰는 말 밖에 있는 중요한 문제라고 생각했어."
"그럼 우리가 말할 수 있는 건 얼마 되지 않잖아요."
"그렇지. 비트겐슈타인에 의하면, 우리가 말할 수 있는 범위는 수학이나 과학적인 사실밖에는 없다고 했단다. 예를 들어 '2 더하기 2는 4'라든가, '물은 산소와 수소의 비율이 1대2'라는 건 명확한 사실이고, 그것을 말로 나타낼 수 있거든."
"그건 너무 절망적이에요. 그럼 우리는 우리의 삶이나 신, 또는 아름다움 등에 대해서는 어떤 말도 할 수가 없잖아요."
"그렇지. 비트겐슈타인에 의하면 그러한 문제들은 말 밖에 있는 것으로, 우리의 행동을 통해 보일 뿐 결코 말로 이러니저러니 나타낼 수 없다고 했어."
"휴, 정말 이해하기 어렵네요."
노마는 길게 숨을 내쉬며 말했다.
"그럼 좀 더 얘기해 줄까?"
"네."
노마는 다시 기대에 찬 눈으로 삼촌을 바라보았다.
"비트겐슈타인은 초기에 말은 세계를 나타내는 그림이라고 생각했고, 모든 말들이 더 이상 나눌 수 없는 가장 기본적인 '요소 명제'들

로 쪼개질 수 있다고 했지. 그러나 나중에는 '말은 놀이다'라고 이야기했어."

"하하하! 말이 놀이라구요? 그럼 말장난을 말하는 건가요? 정말 재미있네요."

동민이가 장난스럽게 웃으며 말했다.

"아니야. 그런 뜻이 아니라, 우리가 어떤 경기나 놀이를 할 때는 반드시 지켜야 할 규칙이 있잖니? 그와 같이 말에도 일정한 규칙이 있고, 우리는 그 규칙에 따라 말을 써야 한다는 의미에서 놀이라고 한 거란다."

"예를 들면요?"

"음……. 예를 들어 '식사한다'는 말은 동물이 아닌 반드시 사람에게 써야 한다는 것도 말의 규칙이라고 할 수 있지."

"아하, 그런 거 말이군요."

"그런데 왜 비트겐슈타인은 그런 주장을 했지요?"

"말을 잘못 써서 오는 혼란을 물리치기 위해서는 먼저 말의 기능을 분명히 알아야 하고, 말할 수 있는 것과 없는 것을 구별할 수 있어야 한다고 보았거든."

"하지만 그런 것을 안다고 해서 말로 인해 생기는 혼란을 막을 수 있을까요?"

"그러니까 비트겐슈타인은 말은 쓸 수 있는 범위 내에서만 쓰고, 또 그 말이 쓰이는 규칙을 철저히 지킴으로써 혼란을 막을 수 있다고 생각한 거야. 그것이 또한 철학이 풀어야 할 중요한 과제라고 생각했던 거지."

노마는 삼촌과 얘기를 나누며 새삼 말에 대해 생각해 보게 되었다. 매일 쓰고 있기 때문에 한 번도 진지하게 생각해 본 적이 없는 말, 또 그 말을 잘못 써서 생기는 혼란이 얼마나 많은지도 오늘 비트겐슈타인을 통해 알게 되었다.

노마는 그런 비트겐슈타인이 존경스러웠다. 철학은 보통 어렵고 먼 곳에서 시작되는 걸로 생각하지만, 비트겐슈타인은 결코 그렇지 않다는 것을 보여 주었다.

항상 우리와 함께 하는 말의 역할과 문제점을 깊이 생각한 철학자 비트겐슈타인. 노마는 직접 그분을 뵙고 싶어졌다.

"필로소피아!"

노마는 마법의 서랍 속으로 미끄러져 들어갔다.

박사님과 함께

"얘들아, 그건 말이야"

독일과 프랑스를 중심으로 인간과 인생을 살피는 철학이 계속되는 동안, 바다 건너 영국과 미국에서는 헤겔에 반대하는 또 다른 종류의 철학이 싹터 점차로 화려한 꽃을 피워 나가고 있었습니다.

미국에서는 퍼스와 제임스, 듀이가 '실용주의'라는 깃발을 들고 나타났고, 영국에서는 러셀과 무어와 비트겐슈타인이 '분석철학'이라는 깃발을 달고 항해에 나섰습니다. 이들의 생각은 각각 조금씩 달랐지만 지금까지의 철학이 도무지 흐리멍텅해서 믿을 바가 못 되니 우리는 '확실한' 철학을 만들어야겠다는 생각은 모두가 똑같았습니다.

퍼스와 제임스의 영향을 받고 등장한 듀이도 '확실성'을 중요한 목표로 삼았습니다. 그는 이 확실성을 얻기 위해 노력하는 과정을 '탐구'라고 부르고, '탐구가 어떻게 이루어져야 할까' 하는 '탐구의 논리'를 밝혔습니다. 그는 '문제가 생겨난 확실하지 않은 상황'을 '문제가 해결된 확실한 상황'으로 바꾸는 과정을 탐구라고 보고, 이 과정에 다섯 가지 단계가 있다고 설명했습니다. 첫째는 무엇이 문제냐를 정하는 '문제 정하기'이고, 둘째는 이게 아닐까를 미리 생각해 보는 '예상 내놓기'이며, 셋째는 과연 그럴까를 검토해 보는 '추론해 보기'이고, 넷째는 실제 그런지를 검사해 보는 '실험해 보기'입니다. 마지막으로 다섯째는 맞는지 틀리는지를 정하는 '문제 끝내기'라고 했습니다.

듀이는 과학을 포함한 우리의 생활이 바로 이런 문제 해결을 위한 탐구의 연속이라고 생각했습니다. 그런데 그는 탐구의 결과로 얻게 된 개념이나 이론이나 사상 체계 같은 것을 우리 인간들이 환경에 잘 적응하는 데 필요한 '도구'라고 생각했습니다. 그래서 그는 자기의 철학을 '도구주의'라고 부르기도 했습니다. 그는 이런 생각을 교육을 비롯한 윤리, 사회, 예술, 종교 등 다양한 분야에 적용시켜 큰 업적을 이룩했고, 미국 사회에도 많은 영향을 끼쳤습니다.

한편 영국에서는 러셀이 나타나서 새로운 철학의 물꼬를 텄습니다. 그도 역시 확실성의 탐구를 철학이 해야 할 일로 생각했습니다. 러셀은 그러한 확실성을 '논리적 분석'이라는 방법을 통해서 이루어 내려고 했습니다.

분석이란 말하자면 꼼꼼이 뜯어서 따져 보는 것이지요. 예를 들어, 그는 '0'이라는 수를 분석해서 '식구가 아무도 없는 텅 빈 모임(집합)'이라고 설명했고, '1'은 '가'라는 식구만 들어가 있는 '뭐'라는 모임인데 만일 어떤 '나'라는 것이 있어서 그것이 '뭐'의 식구라면, 그 '나'는 '가'와 똑같은 것이다 하는 식으로 분석했습니다. 또 '다음 것'이라는 말도 어떤 '가'라는 수의 '다음 것'은 '뭐'라는 모임인데, 그 '뭐'에서 하나를 빼면 '가'가 되는 그런 모임을 말한다고 했고, 그래서 '수'라는 것은 '0이거나 0의 다음 것이거나 0의 다음 것의 다음 것이거나……이다' 하는 식으로 설명했습니다. 이렇게 그는 수학을 모두 논리학으로 뒤바꿀 수 있다고 생각했습니다.

그런데 한 가지 문제가 있었습니다. 이 일이 성공하려면 그 '모임(집합)'이라는 것이 완전해야 되는데 모임이라는 것 스스로가 어떤 문제점을 안고 있다는 사실을 발견한 것입니다.

모임에는 '자기 모임에 자기가 들어갈 수 있는 모임'들과 '자기 모임에 자기는 들어갈 수 없는 모임' 두 가지가 있는데, 자기 모임에 들어갈 자격이 없는 모임들만 모아 놓은 '뭐'라는 모임이 있다면, 그 '뭐' 스스로는 자기 모임에 들어갈 수 있는가 없는가 하는 것입니다. 만일 들어갈 수 있다면(들어갈 수 없는 것들만 모인 이 모임이니까) 들어갈 자격이 없어 못 들어가게 되고, 만일 들어갈 수 없다면(들어갈 수 없는 것들만 모인 이 모임이니까) 들어갈 자격이 있어 들어가게 된다 이 말씀입니다. 그는 오래 고민한 끝에 또 한 가지 사실을 알아냈습니다.

'뭐'는 '맛있다'고 말할 때 그 '뭐'가 '피자'라면 '피자는 맛있다'가 돼서 뜻이 있지만, 그 '뭐'가 '컴퓨터 게임'이라면 '컴퓨터 게임은 맛있다'가 돼서 아무 뜻 없는 말이 되고 만다는 것입니다. 그 '뭐'라는 자리에 엉뚱한 것이 들어간다면 처음부터 말이 안 되는 것처럼, '뭐'라는 모임도 자기 모임에 들어갈 수 있는지 없는지 처음부터 묻는 게 잘못이고, 따라서 대답할 필요도 없다는 것을 그는 알게 된 것입니다. 이렇게 그는 철저한 분석을 실천해서 다른 사람의 모범이 되었습니다.

오스트리아 출신의 영국 철학자 비트겐슈타인은 스승이었던 러셀에게 영향을 줄 만큼 뛰어난 사람이었습니다. 그도 역시 '언어'를 분석해서 그 뜻을 '분명하게 만드는 것'이 철학이 해야 할 일이라고 생각했습니다. 그래서 그는 '말할 수 있는 것은 분명하게 말해야 하고, 말할 수 없는 것은 말하지 말아야 한다'고 부르짖었습니다.

바트겐슈타인은 언어를 대단히 중요하게 생각했습니다. 언어란 '무엇이 어떻다'는 '사실'을 말로써 그려 보여 주는 '명제'들 전체가 모인 것이라고 했습니다. 그런데 이 '명제'들이 말로써 그려 보여 주는 것이 실제 '사실'들이고, 이 '사실'들 전체가 모인 것이 곧 '세계'라고 말했습니다. 그러니까 언어는 바로 세계를 보여 주는 그림인 셈이지요.

그는 가장 간단한 사실에 대해서 말해 주는 가장 간단한 명제를 '알맹이 명제(요소 명제)'라고 불렀습니다. 그리고 이 알맹이 명제들이 결합되어서 여러 가지 복잡한 명제들이 이루어지는데, 그 복잡한 명제들이 맞는지 틀리는지는 알맹이 명제들이 맞는지 틀리는지에 달려 있고, 그 알맹이 명제들이 맞는지 틀리는지는 사실 자체가 그런지 안 그런지에 달려 있다고 생각했습니다.

그의 이런 생각이 러셀에게 영향을 주어서 러셀도 그런 생각을 갖게 되었습니다. 러셀은 이런 생각을 '논리적 원자론'이라고 불렀습니다. 비트겐슈타인은 한동안 철학을 그만두었다가 다시 시작했는데, 그때도 언어의 표현을 분명하게 해서 혼란을 없애야 하겠다는 생각은 변함이 없었습니다. 그러나 그가 새롭게 관심을 갖게 된 것은 논리학을 비롯한 '이상적인 언어'가 아니라 우리가 실제 생활에서 사용하는 '일상적인 언어'였습니다. 일상 언어야말로 우리가 세계를 어떻게 이해하고 있는지를 잘 나타내 주고 있다고 믿었기 때문입니다.

그의 생각은 한편으로 러셀, 슐리크 등을 거쳐 미국의 분석 철학자들에게 이어져 갔고, 또 한편으로는 무어를 거쳐 라일, 오스틴, 스트로슨 등 영국 옥스포드의 일상 언어학파에게 이어져 가면서 큰 반향을 불러 일으켰습니다.

이러한 흐름들과는 별도로 영국에서는 포퍼가 '비판적 합리주의'를 폈고, 프랑스에서는 메를로-퐁티, 레비나스 등이 '현상학'을, 레비-스트로스, 라캉, 알튀세, 푸코 등이 '구조주의'를, 데리다, 들뢰즈 리오타르, 크리스테바 등이 '포스트 구조주의'를 폈습니다. 그리고 독일에서는 셸러, 카시러 등이 '철학적 인간학'을, 후설 등이 '현상학'을, 딜타이, 가다머 등이 '해석학'을, 호르크하이머, 아도르노, 마르쿠제, 프롬, 하버마스 등이 '비판 이론'을 펼치면서 제가끔 아름다운 철학의 꽃을 활짝 피웠습니다.

   그 꽃들은 아직도 세계 곳곳에서 시들지 않은 채 그윽한 지혜의 향기를 뿜어 내고 있는 것입니다. 개중에는 아직도 살아 계신 분들이 있으니, 마음만 먹으면 비행기를 타고 날아가 앞으로 나오게 될 새로운 철학에 대해 직접 들어 볼 수 있을는지도 모를 일입니다.

부록

서양 철학자들의 발자취를 찾아서

고대의 철학자들

만물의 근원은 '물'이다.
_ 탈레스

'토 아페이론', 즉 '정해지지 않은 것'에서 흙과 공기, 물, 불의 네 가지가 만들어진다.
_ 아낙시만드로스

만물의 근원은 '공기'이다.
_ 아낙시메네스

세상을 지배하는 근원은 '수'이다.
_ 피타고라스

이 세상의 모든 것이 변한다.
_ 헤라클레이토스

'있는 것'은 '없는 것'에서 생겨날 수 없는, 영원이 사라지지 않는 것이다. 또 '있는 것'은 절대 두 개 이상으로 나누어질 수 없다.
_ 파르메니데스

흙, 물, 불, 공기와 같은 네 가지 뿌리에서 만물이 생겨난다.
_ 엠페도클레스

세상을 이루는 모든 것에는 각각의 씨앗이 있다.
_ 아낙사고라스

가장 작고 기본적인 물질의 단위는 원자이며, 이 세계가 원자로부터 만들어졌다.
_ 데모크리토스

고대 아테네의 철학자들

음미되지 않는 생은 살 가치가 없다.

_ **소크라테스**

세상의 모든 것에는 모범이 되고 원형이 되는 '이데아'가 존재한다.

철학자가 통치하는 것이 이상 국가이다.

_ **플라톤**

인간만이 생각할 수 있는 능력을 갖고 있다. 즉 이성적 활동을 통해 완전한 인간이 되고 행복한 삶을 산다.
_ 아리스토텔레스

진정한 행복은 가장 높은 선(자연에 따라 사는 것)에 이르렀을 때 얻을 수 있다.
_ 제논

진정한 행복은 쾌락을 통해 얻을 수 있다.
_ 에피쿠로스

중세의 철학자들

하느님은 사랑으로 인간을 구원해 주시며, 구원해 줄 인간을 미리 예정해 놓으셨다.
_ **아우구스티누스**

하느님이 계시다는 것을 다섯 가지로 증명할 수 있다.
_ **토마스 아퀴나스**

근세의 철학자들

학문은 목적이라기보다 수단이므로, 아는 것이 힘이다.
_ **베이컨**

경험을 하지 않으면 아무것도 알 수 없다.
_ **로크**

현대의 철학자들

이 세계의 본성은 무수히 많은 '의지'로 이루어져 있다.
_ 쇼펜하우어

신은 죽었다.

진정한 도덕은 인간의 본성과 조화를 이루는 것이다.
_ 니체

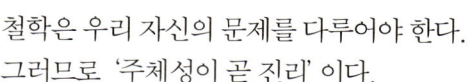

철학은 우리 자신의 문제를 다루어야 한다. 그러므로 '주체성이 곧 진리'이다.
_ 키에르케고르

죽음 앞에 스스로 나서는 것이 필요하다.
_ 하이데거

어린이 서양철학 3
힘내라 니체

초판 1쇄 2007년 6월 18일
초판 3쇄 2019년 4월 20일
제2판 1쇄 2022년 3월 15일

지은이 | 어린이철학교육연구소
그린이 | 임정아
펴낸이 | 송영석

펴낸곳 | (株)해냄출판사
등록번호 | 제10-229호
등록일자 | 1988년 5월 11일(설립일자 | 1983년 6월 24일)

04042 서울시 마포구 잔다리로 30 해냄빌딩 5 · 6층
대표전화 | 326-1600 **팩스** | 326-1624
홈페이지 | www.hainaim.com

ⓒ 어린이철학교육연구소 · 임정아, 2007, 2022

ISBN 979-11-6714-026-5
ISBN 979-11-6714-023-4(세트)

본문에 쓰인 사진 자료와 이미지는 권리자의 허락을 구하여 게재한 것입니다.
파본은 본사나 구입하신 서점에서 교환하여 드립니다.